、物叢書

新装版

武《む》藤《とう》山《さん》治《じ》

入交好脩

日本歴史学会編集

吉川弘文館

武藤山治肖像

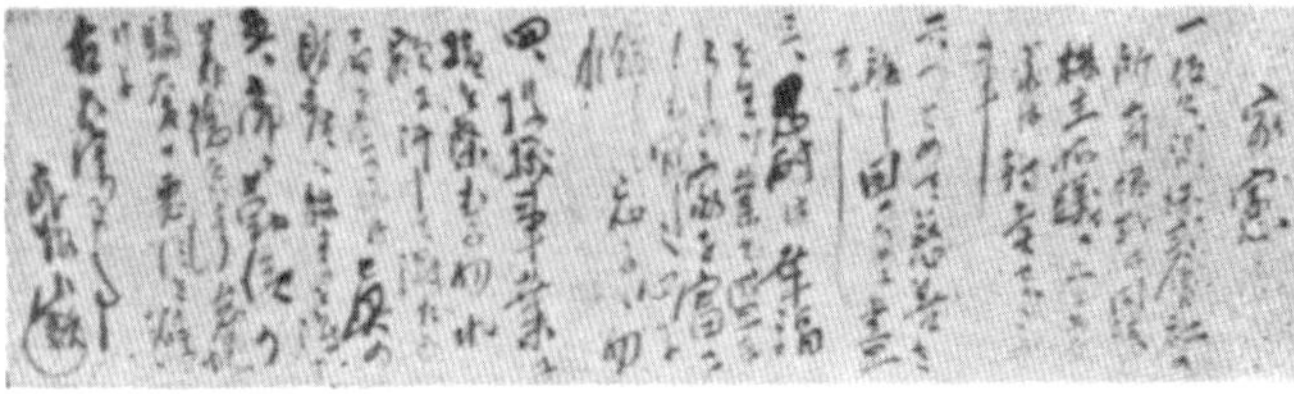

武藤山治自筆　佐久間家家憲（佐久間家所蔵）

家　憲

一、佐久間株式会社の所有株式は、同族株主協議の上にあらざれば転売せざる事。

二、つとめて慈善を施し、国のために尽すべし。

三、忍耐は幸福を生み、業を盛ならしめ、家を富ましむ。宜しく心に銘じて忘るゝ勿れ。

四、投機事業に指を染むる勿れ。額に汗して得たる者にあらざれば、真の財産と称するを得ず。

五、常に勤倹の美徳を守り、怠慢驕奢の悪風を避けよ。

右相守り可ㇾ申事

武藤山治印

武藤家の墓（岐阜県海津郡平田町字蛇池）

武藤山治の墓所は、神戸市垂水区舞子陵にある。この墓碑は、その出生地である蛇池の佐久間家の墓所の一角に建てられ、その遺髪と愛用の遺品を葬ったものである。

はしがき

近代日本の黎明期にあたって、「天ハ人ノ上ニ人ヲ造ラズ」とその著『学問ノスヽメ』の中で喝破した「慶応義塾」の創立者福沢諭吉先生は、日本の財界に多数の指導的人材を送り出したのであった。しかしながら、その多数の人材の中でいわゆる「福沢精神」を最もよく代表した実業家であり、政治家であり、また社会教育家でもあったのは、武藤山治先生その人であったというも決して過言ではないであろう。著者は多年その高潔な人格と高邁な識見に対して、また不当なテロリズムの犠牲となった劇的な逝去に対して敬慕と哀悼の念を抱いていたものである。たまたま「日本歴史学会」編集の『人物叢書』の中に、二人の財界人を担当することとなったとき、著者は、躊躇することなく、一人は、日本資本主義の創設者であり豪胆な典型的「政商」としての岩崎弥太郎翁を、いま一人は、日本産業資本の指導者でありいわゆる「政商」を蛇《だ》蝎《かつ》視《し》した清純な武藤山治先生を、それぞれ推薦したのであった。前者は、すでに昭和三十五年（一九六〇）十一月『岩崎弥太郎』としてその初版を上梓し、後者、すなわち『武藤山治』をいまここに刊行することとなったのである。

顧みるに、武藤山治先生の六十七年にわたる波瀾万丈の生涯と業績を伝える伝記・評伝は意外にも寥々たる有様である。その中で、まず、第一に挙ぐべきものは、昭和九年（一九三四）六月刊行の武藤先生の「自叙伝」とも見做《みな》すべき『私の身の上話』であるが、それは先生自らの筆になるものとて最も信憑性《しんぴょうせい》の高いもので、本書の最も依拠した文献である。同書の「はしがき」に「人の一生」と題して、「水の流れと人の身の行末ほど分らないものはありませぬ。（中略）今日静かに過ぎ来し過去の生涯を顧みて見ますと、極めて単調であつて、自分自身私の身の上話を書き記して之を公にするなどは誠に烏滸《おこ》がましいことでありますが、世間で言ふ自叙伝などと言ふ大層な意味のものでなく、唯私の身の上話をする傍ら、色々の感想を附け加へて懐旧の情を思ひ出づるまゝ叙述して見る気になつたのに過ぎませぬ。人生は、一の旅路のやうなものでありますから、先に通つた者が後に来る者のために己れの経験を書き残すことも良いことゝ存じます。単調で興味の乏しい私の身の上話の中にも、是から人生の旅に立たれる若い方々に取り、多少御参考になるやうな事があれば望外の仕合せで御座ゐます」と、極めて謙虚《けんきょ》に語られているのである。因《ちな》みに同書は、繁忙な社会的・政治的活動の余暇を割いて、雑誌『公民講座』に執筆し、『婦人と生活』にも連載されたものを、昭和九年（一九三四）三月十日、不慮の凶弾に仆《たお》れたため、急遽《きゅうきょ》編纂して追悼記念のために非売品として上梓し、関係者および知友に頒《わか》ち、後に公刊されたものである。

第二に挙ぐべきものには、昭和九年（一九三四）五月に、雑誌『公民講座』第一一四号を特集して「武藤山治氏追悼号」としたものがある。同誌は、大正十四年（一九二五）一月、武藤先生の理想であった「公民教育運動の大旆《たいはい》を翳《かざ》して呱々《ここ》の声をあげた」もので毎号自ら執筆の「教育訓を以て巻頭を飾り、社会の啓蒙指導に資する」ために「凡ゆる困難と戦ひ、我国唯一、最古の公民教育雑誌としての存在の拡大強化に力《つと》められた」ものである。この「追悼号」は、本文三六七ページの大冊であり、武藤先生の「社会に対する遺言書」を巻頭に掲げ、未亡人・令息をはじめ、無慮一〇〇名以上の関係者の追悼文が収められており、故人の偉大な足跡を偲《しの》ぶ重要な文献であるというも、決して過言ではないであろう。

第三に挙ぐべきものは、昭和三十七年(一九六二)六月、有竹修二氏によって時事通信社の『一業一人伝』の一冊として上梓された『武藤山治』であるが、それは優れた一種の「評伝」とも呼ぶべきものである。有竹氏は、その「あとがき」の中で「福沢諭吉は、明治の世界にいくたの人材をつくりだしたが、そのうち財界において名をなしたものは、福沢の文字どおりの股肱《ここう》である中上川彦次郎の指導によって名をなしたものが多い。この士魂商才の亀鑑ともいうべき巨人は、官界から転じて財界の人となったが、そもそも日本武士的魂に、西欧の学問を体得した合理主義者であり、不屈の闘魂と科学的冷静をかね具えていた。三井財閥の近代経営的基礎をつくったのは、彼の三井に対する大功績であるが、後年、事業界に巨名をほこった多くの人々を、その幕下《ばっか》に養成したことは、日本の経済発展に対する比類なき勲功である。（中略）その一人に武藤山治がいる。三田《みた》の学苑に学んだ福沢精神は、中上川という巨人によって、さらに磨きがかけられ、不羈《ふき》・不屈の敢闘精神を体中にたたえた人々であった。武藤は、中でも福沢・中上川式の堅牢な意志力の上に、もって生れたヒューマニズムをひそめている。資本家温情主義という形容はあたらない。彼は本来、資本家・事業家を志す人でなかった。成行きによっては詩人・文学者になったかも知れない人である。しかし、どの道を選んでも、社会にある悪に対しては、激しい憎しみをもち、これを駆逐しようと、やたけにはやる人物である。事を好む人である。……事を好んで泥沼の中に飛びこむ人である。政界に入り、時事新報社の経営を引きうけたことなどは、世のつねの財界人の常道ではない。かみくだいた説明は省略して、この人こそ、真に福沢精神を顕現した人といっていい」と評価されているのである。

第四に附記すべきは、市原亮平助教授の「武藤山治論」なる一連の精緻な論稿があることを校了直前に知ることができたことである。すなわち、その代表的なものは、「日本型ブルジョア・リベラリストの社会経済的地盤―武藤山治の社会経済的草創時代と福沢諭吉―」(『経済学雑誌』第二十六巻第六号・昭和二十七年六月)、「一日本リベラリストの経済(=社会)的「背骨」―武藤山治の経営実践とその時代―」(一・二・三)(『経済論集』第三巻第一、二、四号・昭和二十八年七、九月、同二十九年一月)、「実業同志会の結党―日本政党史における実業同志会の役割―」(一・二)(『経済論叢』第七十一巻第二号・第七十二巻第一号・昭和二十八年二、七月)である。

つぎに、これは正確な「伝記」ではなく、武藤山治先生(豊原恵太)を主人公とする文芸作品(戯曲)であるが、久板栄二郎氏の名作「北東の風」および「千万人と雖も我行かん」の二篇のあることを忘れてはならない。『久板栄二郎選集』(1)の「あとがき」によれば、その執筆の動機は、次のごとくである。

> 「北東の風」と「千万人と雖も我行かん」は、豊原恵太を主人公とする二部作であります。前者は、昭和十一年から十二年へかけ、約一年半の日子《につし》を費して書き上げたものでありまして、十二年三月号の『文芸』に発表し、同じく三月から四月へかけて、旧新協劇団（演出杉本良吉・装置伊藤熹朔）によって築地小劇場に上演、引続き五月新協の再演と共に、井上正夫一座によって歌舞伎座に上演、図らずも競演の形となったものでありました。後者は、同年十二月号の『中央公論』に発表、その後全篇に亘って相当の改訂をし、翌十三年十二月有楽座に催された新劇コンクール提出作品として、同じく旧新協劇団（演出村山知義・装置伊藤熹朔）によって上演されたものであります。

昏迷と模索の時期を経て、漸く作家としての自己を見出した第一作が「断層」

（昭和十年十一月号『文芸』所載・旧新協劇団上演）でありました。之によって長いスランプから一応立上ることの出来た私は、更に大きい社会的なテーマと取組んで見たいと念願したのであります。しかし、当時警視庁の検閲がますます峻烈となり、「断層」に描かれた程度の社会性が殆どギリギリの限界でありましたので、更に大きな社会的テーマということは、私にとって八方ふさがりの感があったのであります。この時、私に大変良い示唆を与えて下さったのが岸田国士氏でありました。（中略）私はその言葉に勇気を得て、時代の典型となるような一ブルジョアを丸彫りに描こうとその時決意したのであります。私は、我国の財界・実業界の巨頭と言われるような幾人かの人物を次々と研究しました。しかし、いずれも慾の皮の突っ張った人間性喪失の型どおりなブルジョアばかりで、文学的素材としては興味がもてなかったのでありますが、偶々《たまたま》武藤山治氏のプロフィルを描いた文章に触れて（武藤山治氏の伝記でまとまったものは当時なかった）その複雑な性格と豊かな人間性に私は非常に興味を惹かれたのであります。武藤という人は、鐘紡的家族主義・温情主義の実現者で、当時においても既に世間からは温情主義の欺瞞性と偽善的性格を指摘されていたのでありますが、私は、色々この人を研究してみまして、本人の主観としてはそういう意識はなく、全く本心から大真面目にやっていた事が、客観的には「資本主義の機構の中では温情による従業員の優遇がかえって能率を上げ、余剰価値を生む」という結果を生んでいるのだということが分り、そこに大きな興味を覚えたのであります。（中略）「北東の風」は、明治三十五年我国資本主義の勃興期から始まり、昭和五年の金解禁を機とする金融資本の産業資本制覇の時期を経て、「千万人と雖も我行かん」は、その後を享《う》け、独裁金融資本が軍閥と結託して外に大陸侵略を行い、内に益々ファッショ的思想統制を強化する時期、昭和八―九年までを描いておりまして、そこには様々な社会的事件がバックになっております。

著者は、この武藤先生をモデルとする文芸作品に対して払われた、作者久板氏の縷《る》骨《こつ》の苦心の跡を偲《しの》び、滝沢修氏をはじめとする当時の新劇界のベスト＝メンバーによって上演された舞台の状景は、二十数年を隔てた今日もなお眼前に髣髴《ほうふつ》として再現するのである。

著者は、その専攻を近世日本経済史に置くものであるため、武藤先生の御生家である岐阜県海津郡平田町字蛇池の佐久間家を訪れ、更に、その周辺の社会経済史料をもある程度まで蒐集したが、主として時間的制約のために、それを十二分に利用することを断念せざるを得なかったことを遺憾とするものである。また教督の余暇を偸《ぬす》んでの執筆であるうえに、その紙幅の制約もあるために、この不世出の偉人の思想と生涯とを誤りなく伝え得たか否かを省みて内心忸怩《じくじ》たるものがあるのである。しかしながら、日本が新しい世界史的激動期に直面している秋《とき》、この著者の未熟な一評伝が、すでに新樹社より第一巻を刊行した『武藤山治全集』（全八巻）とともに、読者によって

「武藤精神」の現代的意義を再評価される一つの契機ともなるならば、著者のよろこびは、これに過ぐるものはないのである。

最後に、著者は、武藤先生がいわゆる「福沢精神」の継承者であるとする立場をもって本書を一貫することとしたのであるが、その誤りなきを期するため、特に三田出身であられる財団法人清明会常務理事神野三吾先生に乞うて、その御校閲を煩わした次第である。先生には、御繁忙中にも拘らず、年頭の休暇を割かれて、著者のために校正刷に綿密な御目通しを賜わり、一月十日三菱銀行本店内の同会において、その貴重な示唆《しさ》を忝うしたことは、著者の衷心よりの感激であった。しかるに、先生には、一月十五日午後六時忽焉《こつえん》として長逝せられたのである。ここに、この拙き一書を哀悼の涙に咽《むせ》びつつ先生の御霊前に献《ささ》げて、虔《つつし》んで御冥福を祈念するものである。

昭和三十九年一月

入交好脩

目次

口絵

挿図

第一　木曽川およびその沿岸の村々と蛇池村庄屋佐久間家

一　木曾川およびその沿岸の村々

木曽川

木曽川《きそがわ》は、長野（信濃）・岐阜（美濃・飛驒）・愛知（尾張）・三重（伊勢）の四県に跨《また》がる中部地方の西南部を集水灌流地域とする大河であり、流程およそ二三二キロ、支流の数は二二三、その流域は九、一〇〇〇平方キロにおよぶ日本の五大河川の一つである。

飛驒川
長良川
揖斐川

その源《みなもと》は、乗鞍火山脈と木曽山脈との間の諸渓流より発し、飛驒高原より発する飛驒川《ひだがわ》（益田川《ますだがわ》）、北美濃地方よりの長良川《ながらがわ》、西北美濃地方よりの揖斐《いび》川《がわ》を併わせて、その下流に濃尾の一大沃野《よくや》を形成しつつ伊勢湾に注いでいる。

この木曽川の全水域は、近世においては、尾張藩の独占的な支配のもとに置かれていた。その理由は、第一には、交通・運輸上に占める軍事的重要性であり、第二には経済上の重要性である。特に、同川が尾張藩の主要な財源である木曽山の木材を、城下名古屋に運搬するための交通路であったことによるものである。通常、筏《いかだ》に組んだ材木を流して運搬したものであったが、洪水などのために、筏に組まない材木の流れだすこともあったので、藩は、沿岸の各村の庄屋などの旧家を選んで「留木《とめき》裁許役《さいきょやく》」に任命し、流木を盗み取る者を監視せしめ、またこれを犯すものは容赦なく検挙せしめたのであった。顧みるに、木曽川の近世における治水の歴史は、慶長十二年(一六〇七)に、尾張藩が、自領を洪水の災害から防禦するために、尾張側に「御囲堤《おかこいつつみ》」と称する堅固な堤防を築いた時に始まる。しかも美濃側は地形的に傾斜しており、加えて、その堤防は三尺程低く規制されたため、その後の水害は多く美濃側に集中したといわれている。しかしながら、このために尾張藩領とても、決して洪水の危険がなくなったわけではなく、しばしば洪水

輪中

の被害を蒙り、不断にその脅威に曝《さら》されていたというも過言ではない。この危険の防御策として考案されたものが「輪中《わじゆう》」であった。それは「集落と耕地を洪水から守るために、周囲に堤防をめぐらした地域のことであり、また洪水に対する共同防禦体制をもつ村落組織をも意味する」ものである。通常、「輪中」といえば「濃尾平野西部の木曽・長良・揖斐の三川合流地域における、北は大垣・岐阜附近より、南は河口部まで存在する大小多数の「輪中」を指す。……「輪中」では、洪水の防禦のため、堤防の維持管理について厳重なとりきめがあり、堤防上には「水防小屋」が設けられるなど、村落生活に対する強力な社会規制があった」のであった。特に、この三川は、西に向って傾斜があり、しかも豪雨による出水の時間が、三川それぞれ異なることも洪水の被害を激甚ならしめる原因であるとされた。ここにいわゆる「三川分流計画」が樹立されて、宝暦三年(一七五三)には、幕命によって、薩摩藩による「御手伝普請」が命ぜられ、遂に揖斐川が分離せられたのであった。しかし、この「宝暦治水」が、いかに薩摩藩に対する財政的および賦役的重圧であったかは、家老平田靱負《ゆきえ》以下数十名の自刃および病死者を出し、いまだに「孤愁《こしゅう》の岸《きし》」として、その悲劇が語り伝えられていることによっても想像し得るであろう。

木曽川は、犬山(愛知県犬山市)附近において、岩石を穿《うが》つ急流となっており、古くは漢学者斎藤拙堂の名紀行文によって、また明治には地理学者志賀重昂《じゅうこう》の命名による「日本ライン」の名によって、天下に喧伝せられた。しかも、年来の宿願であった「三川分流計画」は、明治二十五年(一八九二)から約十年の歳月を費して完成し、木曽・長良・揖斐の三川は、河口に至るまで完全に分流するに至り、多年三川の氾濫によって、しばしば惨害を蒙っていた西美濃地方の低湿地帯も、いまは肥沃な穀倉地帯となるに至った。

二　蛇池村庄屋佐久間家

武藤山治の生家である佐久間家は、木曽川の西岸に当る岐阜県海津郡平田町字蛇池にあり、母の実家佐野家は、その東岸に当る愛知県海部郡弥富町字松名新田にある。かく旧蛇池村と旧松名新田とは木曽川に切断されて美濃と尾張とその領国を異にしているとはいえ、決して距離的には遠隔ではなかったのである。

この旧蛇池村は、幕末期においては、天領であって安八《あんぱち》郡脇田村と呼び、明治初年に、海西《かいさい》郡野市場村と合併して、安八郡蛇池村と改称し、明治二十二年（一八八九）には、海西郡に組替えられ、同三十年（一八九七）には、海津郡となっている。なお現在は平田町の一字《あざ》となっている。

旧蛇池村の佐久間家は、代々豪農・庄屋として聞こえ、古老の談話によれば慶応元年（一八六五）の〝成戸切れ〟の際、安八・海西両郡幕領十二ヵ村組合で普請金を立替えたことがあったが、その六人組の内の第二位で、一、一四二両二分を出金している由である。この一事をもってしても、その富裕さを推察し得るのである。

幕末期における木曽川沿岸の低湿地帯は、木曽川の舟運と相まって、その自然的条件が、他地方への沼沢産の農産物の移出並びに遠隔地からの商品の移入を容易ならしめ、この結果として「商品生産」の発展を極度に促進せしめられたのであるように思われる。事実、当時の記録によれば、農業生産力の発展に欠くことのできない金肥である「干鰯《ほしか》」が、名古屋・桑名・四日市方面より移入されているし、木曽川上流地方および美濃国の山間地帯からは、薪炭・紙・傘・笠などが移入されていることが推察される。このことが、旧蛇池村なども低湿地帯を多くもつ一小村でありながら、文化的にも、経済的にも、比較的高度な発展を遂げ、佐久間家にその典型をみるような新時代の指導者や新産業の育成者を輩出するいわゆる「開拓者精神《フロンチーヤ=スピリット》」を培い得た根本的要因ではないであろうか。

第二　父祖の感化と幼・少年時代の武藤山治

一　父祖の感化と幼年時代の武藤山治

徳川幕府は、前後二回にわたる「長州征伐」に失敗し、「西南雄藩」の擡頭の前に、最早その命脈は旦夕《たんせき》に迫りつつあった。しかも、慶応二年（一八六六）に、未曽有の昂揚を告げた「農民一揆」「打毀し」は、翌三年（一八六七）には、政治的危機の凝集《ぎょうしゅう》の重味に耐えかねて、一挙にその弱点を暴露し、民衆は「ええじゃないか」の踊りと「御札降り」の迷信との完全な虜《とりこ》となっていた。

鍋田村佐野家

かかる風雲あわただしい慶応三年（一八六七）三月一日、武藤山治は、父佐久間国三郎・母たねの長男として、尾張国（後の愛知県）海部郡鍋田村字松名新田の母の実家佐野治右衛門の邸において生誕した。これは、初産は母方の実家においてするという同地方の習慣によるものである。

『武藤山治略年譜』によれば、その生家佐

武藤山治の実家佐久間家の長屋門
(岐阜県海津郡海西村蛇池，現平田町)

佐野家の武藤山治出生の室
(愛知県海部郡鍋田村，現弥富町)

久間家は、美濃国（後の岐阜県）海津郡海西村字蛇池の豪農であり、代々庄屋を勤めたほどの旧家であった。篤学な一郷土史家の示教によれば、寛保四年（延享元年、一七四四）二月の同村の古記録に、「年寄　勘六」の文字が見えている由であるが、これは佐久間家の遠祖であることが推定される。それは、佐久間家では、代々「勘六」を襲名しているもののごとく、現に武藤の祖父も勘六と呼ばれ、庄屋として重きをなしたことに徴しても、一応立証せられるであろう。明治十四年（一八八一）の『町村略記』に記載される所有地券の項に「地価七千円以上ノ者壱人」の中に佐久間家がある。地主手作は、明治年代末にほぼ終息《しゅうそく》し、完全な寄生地主となったもののごとくである。また同県養老郡下多度村の下池の干拓に成功して、八十三町歩内外の小作地をもって「佐久間土地株式会社」を設立しているのである。

佐久間国三郎

因みに父国三郎は、後年選ばれて岐阜県会議員・同議長を経て、後には岐阜県第三区から推されて衆議院議員ともなった人である。すでに触れたように山治は

武藤山治の実家佐久間家の母家

佐 久 間 家 の 庭 園

この国三郎の長男であるが、明治二十年（一八八七）米国から帰り、武藤と改姓した。

人の世の常の如く、武藤の人となりは、その育った環境に規定される。彼の自叙伝である『私の身の上話』によれば、祖父は「庄屋をつとめ、世話好きで一般に受けが良かつたと伝へ聞いて居ります。非常に性急《せつかち》で、何か急用が起ると直ぐ袴をはいて飛出し、渡船場《わたしば》に行つて船に乗つて始めて、前後を穿《は》き違へてつけて居ることが分かつたと言ふ調子であつた」のに反し、「父は物事を考へた上に考へて決する方で、其考へ方が長いので母がよく、〃お父さんが考へている間に機会は去つてしまふ〃と言つて笑つたことを覚えて居ります」とある。武藤自らも認めるごとく、後年の彼の即断実行力は明らかにこの祖父の性急な性格を受け継いだものであろう。しかし、彼の教育に関しては父の感化と影響とが大きかった。前記『私の身の上話』において、次の如く武藤は亡父を回顧している。

私の父は初め儒教の教育を受け私の名を山治《さんじ》と命名したのは論語とかを読ん

で居つた時生れたので、其中にある言葉から取つたと言つて居りましたが、私は漢学の素養は全くありませんから、聞いた丈で詳しいことは忘れて仕舞ひました。父は好んで山陽の日本外史を読み勤皇の念厚く、私が学校から帰ると時々外史の中にある勤皇の志を鼓舞《こぶ》する種々の話を聞かせてくれました。又父は読書が大好きで文字通り万巻の書を読破した方で、儒教の本から、当時評判の福沢先生の西洋事情を読み、それが福沢先生を崇拝する動機となり、後に私を慶応義塾へ入学せしむる端緒となりました。父が終生の間に読んだ本の種類と其数に至つては恐らく他に及ぶものは少なからうと思ひます。文学であれ法律であれ宗教であれ、如何なる本でも訳本によつて読まぬものはなく、朝から夜遅くまで散歩する時間の外は本を手から放した事はありませんでした。実に博覧強記の方で、如何なる学問の話でも専門家に劣らぬ知識を持つて居りました。かう云ふ風で、父は常に新しい智識を求めました為め、早くから自由民権の思想を抱き、明治初年全国を風靡した国会開設運動などにも加り、当時都から色々の有志家が来訪し、……時々政談演説会が私の家で開催されました。

また「私の母は温和な方で、母の両親の方には国文学の系統があり、阪正臣《ばんまさおみ》さんは私の母方の血統の方であります」とある。その影響を受けてか、武藤は最初は文学者を志した。後年に現われる学究肌の武藤、徹底した合理主義的な経営者としての武藤、またそれと裏腹をなす家族主義的な管理者としての武藤の原型は、かかる儒学的伝統の上に新しい西欧の自由主義的思想の洗礼をうけた父の感化と、国文学の流れを汲む母方の影響のもとに形成せられたとみることができよう。

昭和五年（一九三〇）、当時八十一歳の高齢の母たねを蛇池の佐久間邸に訪問した山田中に、たねは次のごとく述懐している。

山治は幼少の頃から至つて身体は丈夫でありまして、聊《いささ》かも悪る気のない児でありましたから、私はそれなりに育てゝまゐりました。朗かな性質で村の祭りなど見て帰つてまゐりますと、よく獅子舞ひの真似などして家中を面白がらせてゐました。幼ない頃から好きであつた事は、字と絵をかくことでありました。……山治は幼少のころから不実なことの出来ぬ性質でありました。毎年四月になると、附近の丘で村の祭りがあつて賑ひます。主人が末の子供を連れて見物にでかける時などに、山治には留守番をさせると申して、少こし余計に小遣銭を与へますと、山治は私だけ余分に頂戴することはいけませ

武藤山治の少年時代の作品

ん。どうか兄弟皆平等にして下さいと申したことなどを思ひ出します。山治は無口の方でありましたが、幼少のころから、変わつたところがありました。学校から帰宅いたしますと、宅の主人の室には、殆んど毎日御客がありまして、議論の花が咲いて居ります。すると山治は必ず障子の蔭から熱心にその談論を聞いてゐました。……また主人が政治演説会などへ参る時は、いつも同行を迫り、父もよく連て参りました。

後年、「千万人と雖も我行かん」という気慨をもって、不正と汚濁とに対して敢闘した武藤山治の魂は、すでにここに培《つちかわ》れていた。まことに、「栴檀《せんだん》は双葉より香《かんば》し」かったのである。

かかる恵まれた家庭環境にあったとはいえ、武藤の幼年時代は、決して平穏な世相ではなかった。武藤が生を享《う》けたころ、徳川幕藩体制はまさに崩壊せんとし、来るべき新政府の中心となるべき天皇の去就《きよしゅう》をめぐって、諸勢力入り乱れての血なまぐさい激闘が各地に展開せられていた。その飛沫《ひまつ》は時には非戦闘員たる一般民衆の上にもおよぶのは昔も今も同じであった。当時、長良川堤防に関するある事件が起り、武藤の祖父はその紛争解決のため村民代表として江戸に赴き、藩当局と交渉中病気で急死し、そのため父もまた急遽《きゅうきょ》江戸に向った。その留守中、親藩たる紀州藩の浪士の一隊が佐久間家に闖入《ちんにゅう》したのである。おそらくは戦いに敗れ群狼《ぐんろう》と化した浪士であったであろう。金千両を同家に強要し、弱冠《じゃっかん》十七―八歳にして留守を預かっていた武藤の叔父に断られるや、やにわに抜刀して彼に切りつけたというのである。寺の鐘の乱打で続々集まる村人の圧力で浪士らは空しく引きあげたものの、父の弟はこの傷がもとで程なく世を去った。この話は武藤は幼時母よりしばしば聞かされたものであろう。後年、武藤の信条となった「一国の治安はその国政治の良否に依る」とする政治理念は、武藤が幼時において遭遇した社会的混乱から生ずる不詳事の記憶がその背後に秘められていたといえよう。

二　少年時代の武藤山治

今尾尋常小学校

「幕末維新」の動乱も、幾ばくもなく収まり、明治新政府は「旧西南雄藩」のヘゲモニィのもとに近代国家への途を整備していった。「明治維新」が「農民解放」と「土地改革」とを伴なわぬ「上から」の「変革」に止まった限り、旧「豪農」にはいぜんとして致富《ちふ》の機会は約束されていた。武藤の生家についていえば、幕末期よりの「豪農」としての富裕化は、やがて叔父玉三郎の手によって醸造業（酒・油）の経営にまで発展し、一時は東京日本橋の箔屋《はくや》町に支店を設置したこともあった。かかる家運隆盛の中に、武藤は何不自由なく成長し、明治六年（一八七三）には、数え年七歳で郷里に近い今尾町に新設された今尾尋常小学校に入学した。彼は後年偉大な文学者となるために、イギリスのケンブリッジ大学へ留学することを夢みつつ、勉学にいそしみ、幸福な青少年時代を送ったのであった。

イギリス留学挫折

松方デフレーション政策

しかし「好事魔多く」、明治十年（一八七七）の「西南戦争」によるインフレーションの反動として、時の大蔵卿松方正義によって採られたデフレーション政策は、農村経済の破壊と混乱を惹起し、特に地主階級の急激な没落を促したのであった。そしてこれは武藤にとっては、イギリス留学の夢がはかなくも消え去ったことを意味した。前掲の『私の身の上話』はこの経緯を、次の如く伝えているのである。

それは明治十四年、松方公が、西南戦争の際発行せる不換紙幣の整理を企てられ急激に通貨を収縮させた為め物価は暴落し、当時は今日の如く商工業が盛んでなく、主として農村経済の時代であつた為め、農民、就中《なかんずく》地主が犠牲者となりました。農民の唯一の財産たる土地は四分の一にも下り、貸借は大混乱に陥つて如何に当時農村経済が惨状を極めたるかは、二十三万八千人の地主が父祖伝来の土地を失ひ、今日の小作争議も其時に端を発したと伝へられてゐることによつても明らかであります。私の家も農村の地主のこと〻て申す迄もなく、此松方公の紙幣整理の犠牲となりました。幸にして、私の父は非常に用心深い方でありましたから借金はして居なかつたのですが、私の留学費として積んだ金は有金《ありがね》全部、親戚の一人に貸してあつたのが、先方が破産して一銭も返らなくなりました。其のため、私の一生の上に一大変化が起り、学校を出たら直ちに英国に留学して文学を学びたいと思つて居つた望みは絶えて、米国へ苦学生として参ることになりました。

しかしながら、この運命の試練は、武藤をして、新しい人生行路をたどるべく鼓舞《こぶ》激励したのであった。もしこの松方デフレーション政策による打撃がなかったならば、彼は宿望のイギリス留学を達成して、優れた英文学者として帰国し、おそらくは平穏な大学教授としての生涯を送ったことであろう。

かように人の一生の中には色々と思はぬ変化が起るもので、今日の事は分つても明日の事はどうなるか分りませぬ。幸運とか不運とか言ふ言葉が出来たのは、此変化を言ひ現すために出来た言葉であると思ひます。
水の流れと人の身の行末ほど分らないものはありませぬ。……今日静かに過ぎ来し過去の生涯を顧みて見ますと、極めて単調であって自分自身私の身の上話を書き記して之を公にするなどは誠に烏滸《おこ》がましいことでありますが、世間で言ふ自叙伝などと言ふ大層な意味のものでなく、唯私の身の上話をする傍ら、色々の感想を附け加へて懐旧の情を思ひ出づるまゝ叙述して見る気になつたのに過ぎませぬ。人生は、一の旅路のやうなものでありますから、先に通つた者が後に来る者のために已れの経験を書き残すことも良いことゝ存じます。

この謙虚な彼自身の述懐によって始まる『私の身の上話』の執筆当時においてさえ、やがて始まる波瀾に満ちた彼の最晩年の生涯を、彼自身も予期し得なかったのであった。

第三　学生時代の武藤山治

一　東京遊学

上からの近代化を急ぐ明治政府は、社会各般にわたって西欧的な新制度の移植に余念がなかった。すなわち、明治四年（一八七一）には文部省が設置せられ、翌五年（一八七二）には「学制頒布」があり、全国各地に「尋常小学校」「高等小学校」が開設された。しかし当時これら政府の創設にかかる教育機関とは別個に、独自の教育理念に基づく私立学校が、全国各地に生れつつあった。たとえば、福沢諭吉によって、安政五年（一八五八）江戸鉄砲洲の中津藩の中屋敷に設けられた「蘭学塾」は、やがて「英学塾」に転換し、慶応四年（一八六八）には、芝新銭座に移転して「慶応義塾」と改称し、明治四年（一八七一）現在の三田《みた》に再移転した。事実、「慶応義塾」は、この種の私立学校中で最古の歴史を誇るものであるばかりでなく、日本最古の大学でもあった。明治戊辰の戦争の際、殷々《いんいん》と響く上野彰義隊の砲声を聞きながら、静かにウェイランドの経済学を講じた福沢の精神は、永く日本の自由主義の亀鑑《きかん》と仰がれたのであった。

慶応義塾入学

武藤山治が、郷里に近い今尾尋常小学校に学んでいたことは、すでに触れたが、高等科に入ることを断念して、明治十三年（一八八〇）に、父に東都遊学を請い、許されて五月「慶応義塾」の門をくぐり、直接に福沢諭吉の薫陶を受けることとなった。このことは、彼の人生行路を決定するための重大な転機となったものであるというも、決して過言ではないであろう。その「慶応義塾」を選んだ動機として、『私の身の上話』には、佐久間家で、父がしばしば開催した演説会の影響からであったと述べている。すなわち「何となく演説が上手になつて見たいと言ふ気になり、父に此事を話しますと、福沢先生の塾には演説館があり、演説の稽古も出来るとの話を聞き東京に行きたくなり、父に請ふて遂に福沢先生の塾へ入学することになりました」と述べている。後年の政界への夢は、当時すでに育《はぐく》まれていたのである。

和田塾

当時の「慶応義塾」の幼稚舎は、「本塾に入学するには未だ年少なる生徒のために設立されたもの」で、和田義郎一家の監督の下にあって「和田塾」と呼ばれていた。しかも、塾生は、「寄宿・通学併せて生徒の数が二十数名位で、家庭的な寺子屋式ともいふべきもの」で、生徒のうち、最も幼いものは年齢八—九歳から十四歳位までのものに限られ、彼は十四歳であったため、年長者の一人であった。この塾における福沢・和田らより受けた人格的感化は、彼の終生を左右するほどのものであったが、それは彼の幼・少年期より福沢精神——「天ハ人ノ上ニ人ヲ造ラズ、人ノ下ニ人ヲ造ラズト云ヘリ」（『学問ノスヽメ』）——への憧憬を現実に満足せしめるものであった。

独逸式教育法の弊害

当時を顧みて、武藤は、文部省のドイツ式教育法の弊害を堂々と指摘している。

福沢先生が幼稚舎を御創設になつたのは、英国では人格の高い先生が限られたる生徒を預つて家庭的に世話をし人格を練る、小さな塾舎のようなもの、あるを御聞きになつて、特に人格の高い温厚なる和田先生に其仕事を托されたのではなからうかとも想像されます。（中略）我国の教育法は初め英国流の人格教育を模範としたもので、福沢先生の慶応義塾は正に其代表的のものでありました。然るに其後文部省は独逸《ドイツ》式教育法を施行し、終《つい》に我国学校教育を軍隊教育と同じような窮屈なものにしてしまひました。近来「解放」と言ふ言葉が流行しますが、文部省の手より教育を解放することなどは、国民の人格を高め、其自治精神を発揚する上に最も必要な改革だらうと思ひます。

ここに福沢精神に傾倒した「自由主義者」武藤山治の面目躍如《やくじょ》たるものがある。

かの「独立自尊」は福沢精神を象徴する標語であるが、事実、彼がそこで学んだ政治・経済より簿記・会計に至る学問よりも、英国流の人格教育の感化が、より偉大な影響力を、彼の生涯の上に与えたものと断定して大過はないであろう。

かくて在塾三年余、この間、肋膜炎のため六ヵ月の休学はあったが、原級に復学でき、明治十七年（一八八四）七月には、同級生一七名とともに無事卒業することを得た。勿論、大学・専門学校の卒業者が極めて寥々《りようりよう》たるものであり、大学出の価値の高かった当時にあっては、彼の学殖と才能をもってすれば、官界であれ、

明治16年頃の武藤山治（17歳）

教育界であれ、はたまた実業界であれ、その就職は決して困難ではなかったはずである。しかしながら幼・少年期より海外留学を夢想し、はからずもケンブリッジ留学の夢破れた彼は、自力によるアメリカ留学を決意したのであった。当時たまたま塾出身でサンフランシスコにおいて雑貨商を経営する甲斐織衛が、日本人でアメリカの工場で働く者を世話していた。武藤は同窓生の和田豊治・桑原虎治とはかり、これに応募して、いわゆる「アルバイト学生」として渡米することになったのである。

アメリカ渡航の決意

かくて明治十八年(一八八五)一月二十七日、「City of Tokio」号という外国の「ボロ汽船」の、それも最下級「支那人下等」の船客として、第一回ハワイ移民一千名余とともに横浜港より一路アメリカに向ったのであった。しかしながら、太平洋の航路が、決して平穏なものではなかったと同様に、彼らを待つ憧れの自由の国アメリカの生活もまた苦難に満ちたものであった。

二　アメリカ留学

アメリカ留学

憧れのアメリカに着いたものの、武藤ら三名は、自由な学生生活を楽しむなどというゆとりはなかった。彼らに与えられた最初の職は葉巻煙草製造工場の見習職工であった。

葉煙草と之を巻く道具の前に、上衣を取つて白い前掛をかけた三人は御互ひに目と目を見合し何とも言へぬ気持でした。それはその筈です、ミルやスペンサーなどの政治哲学とでも言ふべき高尚なる学問をした我々三人が、今米国へ来て煙草製造所の見習職工になつたのでありますから、何だか高いところから突き落されたような感じがしたのも無理からぬことです。

後年彼はこう述懐している。これをふりだしに武藤は滞米中、皿洗い・庭師・日雇などの辛い仕事をやり、学資および生活費を得ねばならなかった。しかし最

在米中の武藤山治

後にカリフォルニア州のサンノゼーという町の私立大学パシフィック＝ユニバーシティのスクール＝ボーイの口を見つけ、大学の食堂で働きながら大学生活を続けることができた。同室の友の死、ラテン語教室での優越、アルバイトのつらさ等々、いつの時代でも留学生が味わうようは哀歓《あいかん》を秘めて三年間のアメリカ生活を送った。しかしながら、こうした苦難の中にも、彼の人格にプラスされる経験もまた少なくなかったのである。

私が米国人の家庭に働いて感じましたことは、主人や主婦は勿論、家族全体の召使に対する態度が優しく上品で言葉使ひも極めて鄭重であることでした。

何事を言ひ付けるにも please（どうか）と言ふ言葉を必ず初めに使ひます。子供など主婦以外の者は日本のように矢鱈《やたら》に召使ひに物を言ひ付けませぬ。何か言ひつける時には命令詞は使ひませぬ。必ず Will you と言ふ言葉を使ひます。これは使はれる身になると誠によい感じのするものです。私は自身の体験から召使ひに対しては特に言葉使ひに注意し、家族の者にも此事を申聞けて居ります。よく立派な御婦人で女中と言はず下女《げじょ》と言ふ言葉を平気で使はれる方がありますが、誠に耳障りがして何となく品《ひん》の悪い感じを与へます。私は私の体験から、どなたにも特に召使に対する言葉使ひや態度にはよく気を付けらるゝやうおすゝめ致します。

後年になって武藤が鐘紡兵庫工場において女工を「女工さん」と呼ばせた動機は、まさに自ら使われる立場にあったこの時代の体験から生れたものであることは明らかである。かかる武藤の「温情主義」の母体をなすヒューマニズムに加え、「金儲けの第一の要素は、困難に堪へることである。〃艱難汝を玉にす〃と言ふ諺《ことわざ》があるが艱難せずして成功するものはない」という不屈の実業家としての信念をも身をもって体得したのであった。彼こそ「米国式経営方法」の先駆者であった。「営利会社の代表者」としての武藤、そして「ヒューマニスト」としての武藤、この二つが矛盾することなく共存し得る彼独自の人格形成の場として、ビジネスの王国アメリカは、正に最適の人生修業の場であった。かくて明治二十年(一八八七)、多くの経験と新知識とを抱いて、彼は愛する祖国日本に、帰国したのであった。

このように若い武藤のアメリカ留学は、その思想形成の上に測り知れない大きな影響を与えた。由来、佐久間家は代々仏教の篤信家であったが、先代はキリスト教に帰依《きえ》して自宅に教会堂や図書館を設けて農村教化に尽枠している。武藤が実業家としては型破りの清純な紳士であったことや遭難の直前にカトリック教の洗礼を受けていることは、この滞米中の感化と決して無関係ではないであろう。

第四　遍歴時代の武藤山治

一　広告取次業および出版業

「新聞広告取扱所」

帰国した武藤山治は早速かの地での経験を生かして事業経営を試みるに至った。まず第一に着手したのは、新聞広告取扱業であった。これは彼が帰国直前の一時期にサンフランシスコで醤油販売に関係した際の経験からヒントを得たものであった。彼の祖父ゆずりの性急さは、本場アメリカで「実学」的に拍車をかけられていたから、思いつくや否や直ちに実行に移された。幸い橘良平なる金蔓《かなづる》を得、銀座の横町に「各新聞広告取扱所」なる看板を掲げ、短期間に相当の成功を収めた。これは日本における広告取次業の「開祖」であるとされている。

『博聞雑誌』の出版

つぎに彼が手をつけたのは、雑誌の出版であった。これは前記橘良平が武藤の広告業のパートナーとなる際の交換条件として良平から提案されたものであり、古い新聞・雑誌から興味ある記事を切り抜き、それに二–三の新しい記事を加えて雑誌として編集出版するというものであった。この『博聞雑誌』は着想の良さがあたって意外な成功を示し東京に十二の取扱店ができたばかりでなく、横浜・京都・大阪・神戸・函館・名古屋・松山・松

『博聞雑誌』第一号

坂・高岡などの各地の本屋がこの雑誌の販売を引き受けるに至った。そして、武藤によれば「良平氏がホク〱喜んで居た顔が今でも目に見へる位」大当りに当ったものであった。

『米国移住論』の出版

次に武藤は、滞米中の調査・研究をもととして、処女作『米国移住論』を著わし、丸善商社書店より上梓《じょうし》した。尾崎行雄は、これに「序」を寄せて、高く評価している。

余我ガ国人ノ北米聯邦ニ移住スルノ利アルヲ信ズル事久シ。人ノ之ヲ難ズル

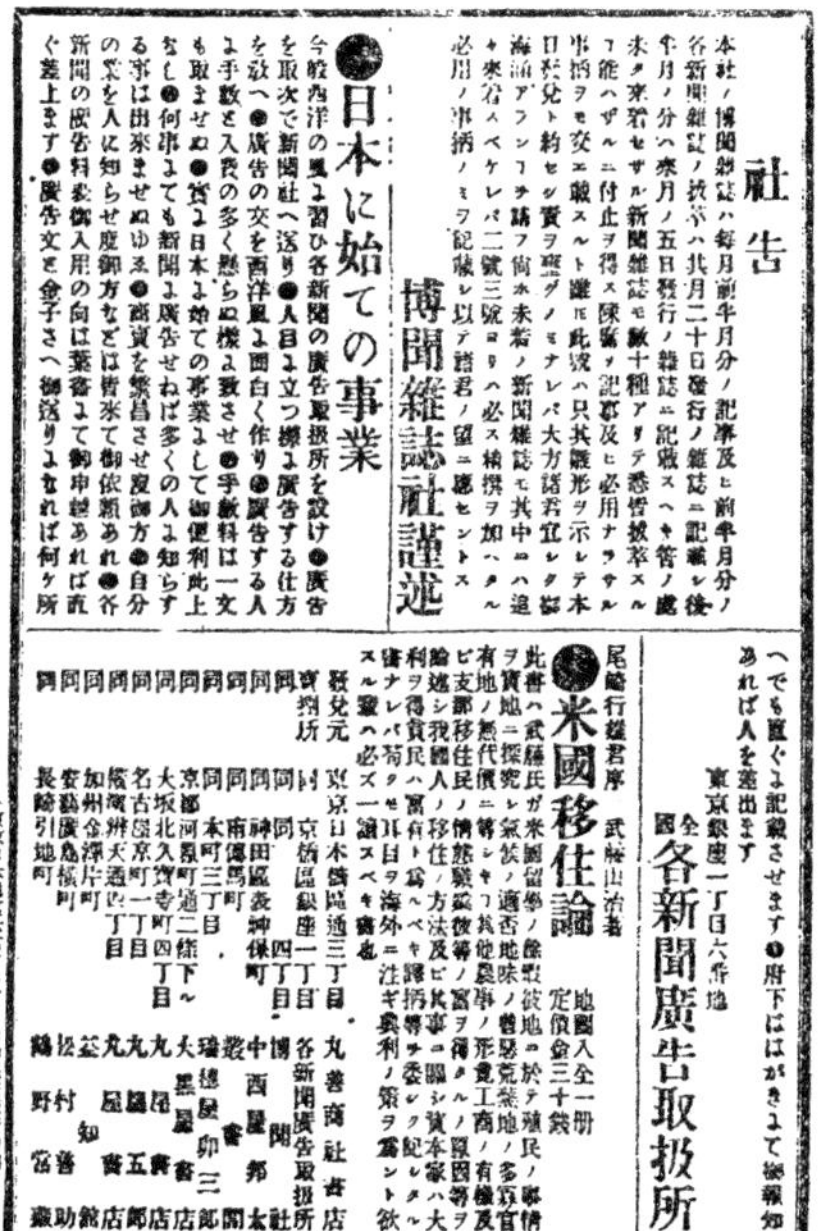

社告

本社ノ博聞雑誌ハ毎月前半月分ノ記事及ヒ前半月分ノ各新聞雑誌ノ抜萃ハ其月二十日発行ノ雑誌ニ記載シ後半月ノ分ハ来月ノ五日発行ノ雑誌ニ記載スヘキ筈ノ處未タ来着セザル新聞雑誌モ數十種アリテ悉皆抜萃スルヿ能ハザルニ付止ヲ得ス陳腐ノ記事及ヒ必用ナラサル事柄ヲモ交ヘ載スルト雖モ此號ハ只其雛形ヲ示シテ本日発兌ト約セシ責ヲ塞グノミナレバ大方諸君宜シク恕海涵アランヿヲ請フ尚ホ未着ノ新聞雑誌モ其中ニハ追々来着スベケレバ二號三號ヨリハ必ス精撰ヲ加ヘタル必用ノ事柄ノミヲ記載シ以テ諸君ノ望ニ應セントス

博聞雑誌社謹述

●日本に始ての事業

今般西洋の風に習ひ各新聞の廣告取扱所を設け●廣告を取次で新聞社へ送り●人目に立つ様に廣告する仕方を敎へ●廣告の文を西洋風に面白く作り●廣告する人に手數と入費の多く懸らぬ様に致させ●手數料は一文も取ませぬ●實に日本に始ての事業にして御便利此上なし●何事にても新聞に廣告せねば多くの人に知らする事は出來ませぬゆゑ●商賣を繁昌させ度御方●自分の業を人に知らせ度御方などは皆來て御依頼あれ●各新聞の廣告料表御入用の向は葉書にて御申越あれば直ぐ差上ます●廣告文と金子さへ御送りになれば何ヶ所へでも直ぐに記載させます●府下ははがきにて御報知あれば人を差出ます

東京銀座一丁目六番地

全國各新聞廣告取扱所

尾崎行雄君序　武藤山治著

●米國移住論　地圖入全一冊　定價金三十銭

此書ハ武藤氏ガ米國留學ノ餘暇彼地ニ於テ殖民ノ事情ヲ實地ニ探究シ氣候ノ適否地味ノ善惡荒蕪地ノ多寡官有地ノ無代價ニ等シキヿ其他農事ノ形貌工商ノ有様及ビ支那移住民ノ情態賤業夜等ノ富ヲ得タル原因等ヲ論述シ我國人ノ移住ノ方法及ビ其事ニ關シ資本家ハ大利ヲ得貧民ハ富有ト爲ルベキ事柄等ヲ委シク記シタル書ナレバ苟クモ耳目ヲ海外ニ注ギ興利ノ策ヲ講ント欲スル諸彦ハ必ズ一讀スベキ書也

發兌元　東京日本橋區通三丁目　丸善商社書店
賣捌所　同　京橋區銀座一丁目　各新聞廣告取扱所
同　同四丁目　博聞社
同　神田區表神保町　中西屋邦太
同　南傳馬町　叢書閣
同　本町三丁目　瑞穂屋卯三郎
同　京都河原町通二條下ル　大黒屋書店
同　大坂北久寶寺町四丁目　丸屋書店
同　名古屋京町一丁目　丸屋五郎
同　横濱弁天通四丁目　丸屋書店
同　加州金澤片町　益智館
同　安藝廣島横町　松村善助
同　長崎引地町　鶴野宮藏

（東京日本橋區本石町一丁目[illegible]活版所印刷）

博聞雑誌社の社告と広告取次業案内

者アル毎ニ、余之ニ答テ曰ク、日本人ハ天下何《いず》レノ国人ニモ到底企テ及ブ可ラザルノ欠点アル乎《か》。之レ有リトスレバ則チ止ム。苟《いやしく》モ然ラザル以上ハ、米国移住ハ決シテ好結果ヲ収ムル事能ハザルノ理ナシ。見ヨ、愛蘭《アイルランド》人ハ懶《らん》惰《だ》・粗暴ヲ以テ常ニ欧人ノ為メニ擯斥《ひんせき》セラル丶者ナリ。然レドモ足跡一タビ米国ニ入レバ、大抵仰事俯《ぎようじふ》育《いく》（父母につかえ妻子を養う）ノ資ヲ得テ綽々《しやくしやく》ノ生計ヲ営ムニ非ズヤ。見ヨ、支那人ハ卑屈・無気力ヲ以テ常ニ他邦人ノ為メニ賤蔑《せんべつ》セラル丶者ナリ。然レドモ米国ニ在ル事僅ニ数年ニ及ベバ、既ニ郷党ニ誇ルニ足ルベキ余財ヲ蓄ヘテ之ヲ本国ニ輸送スルニ非ズヤ。此他英・仏・普《ふ》・墺《おう》・伊・露・西《せい》・葡《ぽ》ヲ始メトシ、黒・白・黄・諸色ノ人皆米国ニ移住セザルハナク、米国ハ天下万国ノ人ヲ集ムト雖ドモ、一トシテ幸福・安楽ノ生計ヲ得ザルモノアル事ナシ。我ガ日本人豈《あ》ニ独リ之ヲ得ル事能ハザルノ理アル可ンヤト。今此書ハ武藤氏ノ躬自《みみずか》ラ其地ヲ経歴シ、多年ノ考察ヲ費シテ著ハセル者ナリ。其移住拓地ノ利ヲ論ズル事、鄭寧親切ヲ極ム。他日再ビ移住ノ利害ヲ以テ余ヲ煩ハスモノアラバ、余請フ、此書ヲ以テ之ニ答ヘン。

事実、彼自らの体験を踏まえたこの『米国移住論』は、当時唯一の日本人の手になる「現地調査報告書」とも見做《みな》されうべきものであり、武藤の非凡な学究的側面の一端を窺いうるものというべきであろう。

ジャパン＝ガゼット新聞社入社

これに加え、前記二事業は、その着眼は正鵠《せいこう》を得て、彼の時代に一歩先んずる実業家としての先見の明《めい》を示すものである。しかしながら、夢多きアメリカ帰りの武藤には、このようなささやかな個人事業だけで満足できなかった。事業はパートナーの橘良平にまかせ、自らは当時の英字新聞社である「ジャパン＝ガゼット新聞社」に入社し、月給二五円のサラリーマンとなった。同社の翻訳記者となってまもなく、武藤は福沢諭吉に呼ばれ、後藤象二郎《しょうじろう》の「大同団結運動」のこと、および彼が英語に堪能《たんのう》な秘書を求めている旨を聞かされた。これが契機となって、武藤は後藤象二郎と関係をもつに至ったが、この体験は、後年武藤が、汚濁の政界を浄化するために足を踏み入れる遠因ともなったのである。

明治六年(一八七三)十月、「征韓論」に敗れて下野した前参議板垣退助・後藤象二郎・副島種臣・江藤新平等は、明治政府における「有司専制」に反対して翌七年(一八七四)一月、「民撰議院設立建白書」を左院に提出した。それは「士族及ビ豪家ノ農商」にのみ選挙権を附与せんとするいわゆる「上流の民権説」ではあったが、ここに「ブルジョア民主主義」を標榜した「自由民権」運動は、あたかも燎原《りようげん》の火のごとく燃え拡がり、その指導力も、士族・豪農層より貧農層の手に移行し、遂に明治十五年(一八八二)以降、全国各地に一種の内乱とも称すべき事態が発生した。

二 「大同団結運動」

「大同団結運動」

薩長藩閥を中心とする明治政府の根幹を揺るがしたさしもの「自由民権」運動

も、その弾圧と切りくずし政策によって、あえなく潰《つい》え去った。しかし、その「民主主義」の灯の最後のゆらめきにも似た一つの運動が明治二十年代初頭に起った。それがいわゆる「大同団結」運動と呼ばれるものである。明治十九年（一八八六）十月、旧自由党員の有志が集り、これに「改進党」をも糾合して、地租軽減・言論集会の自由・強硬外交をスローガンとする一大反政府運動が、翌明治二十年（一八八七）に勃発した。この運動を契機として頭角を現わしてきたのは、暫時野にあって鳴りをひそめていた後藤象二郎であった。同年十月、彼の肝《きも》入りで全国有志の会合がもたれ、ついで「丁亥倶楽部《ていがいくらぶ》」が結成せられ、以後、演説会・機関誌等による政府反対の運動が各地に展開された。かくて武藤山治も前記のいきさつからこの運動に一役買うことになったのである。

当時、横浜で発行されていた外字新聞は、『ジャパン＝メール』『ジャパン＝ガゼット』および『ジャパン＝ヘラルド』の三種であったが、『メール』が政府の「御用新聞」として、政府補助の下に発行せられていたのに対し、『ガゼット』は、政府反対派の機関新聞の観を呈し、政府反対の筆陣を張ったのであった。後藤の秘書を兼ねる武藤記者も主筆のターナーとともに『ガゼット』紙によって、この運動を熱烈に支援したことは勿論である。事実、この運動はアメリカにまで波及し、彼の地での日刊新聞による仮借ない反政府的評論が逆輸入されて少なからぬ波紋をなげかけたといわれている。この際、武藤らの英字新聞が、政府攻撃のために果した役割は、蓋《けだ》し看過すべからざるものがあったと考えられる。

しかし、政府の弾圧と懐柔《かいじゅう》とによってこの運動もあたら徒花《あだばな》として終らざるを得なかった。一方において明治二十年(一八八七)十二月、伊藤内閣はかの「保安条令」を公布し、尾崎行雄・林有造・星亨《とおる》・中島信行・片岡健吉らをはじめとする在京有志五七〇名を宮城所在地三里の外に追放するとともに、他方「改進党」系の首領大隈重信を外務大臣にすえることによって、自由・改進両党の分裂を策した。

そして最後は、伊藤内閣に代って黒田清隆が組閣しこの運動の中心であった後藤自らが逓信大臣におさまることによって、事実上、運動は敗北し去ったのである。武藤は、後年これを回顧し、「結果からみると後藤一人を入閣せしむるために大勢が騒いだのだと言ふことにもなるが、又大勢が後藤の政治的野心を達する踏台になつて馬鹿をみたとも言へます。尤もこんなことは政治運動の常で独り其時に限つたことではありませぬ」と述べている。

イリス商会入社

かくて「大同団結運動」も落着し、かつ主筆ターナーは深更泥酔転落死するというような事件もあり、武藤はガゼット社を辞職した。しかしまもなく、明治二十一年（一八八八）秋にはドイツ人イリスの経営するイリス商会に月給五〇円で就職した。この会社は横浜と神戸の店においては貿易を営み、東京では主に陸海軍向けの品を取扱い、かつ、かのクルップの代理店として繁昌していた。ここでは武藤の仕事は主に翻訳であったが、気の短い主人のために苦労もしたようである。武

明治25・26年頃の武藤山治

藤は明治二十五年（一八九二）末まで同社に勤めたが、そのころ中上川彦次郎が三井銀行に入り、同行の不良貸付整理をはじめとする、一大改革をおこない、かつ有能な人材を物色していた。武藤は同二十六年（一八九三）一月、知人岡本貞《てい》烋《きゅう》に頼んで中上川に紹介してもらい、直ちに採用されて抵当係勤務となった。月給は前の会社の半額の二五円であったが、その前途は比較にならないほど多望なものがあり、しかも抵当係長藤山雷太《らいた》のもとで、思うままにその手腕を発揮する機会が約束されたのであった。かくて武藤の述懐によれば、この秋「私の運命は新なる転換期に入った」のであり、苦難に満ちた「遍歴時代」は終り、順風満帆《まんぱん》の「財界時代」を迎えたのであった。

第五　財界時代の武藤山治

一　三井銀行入社

三井銀行入社

武藤山治が三井銀行に入ったのは明治二十六年(一八九三)一月のことであるが、当時三井財閥は再編成に向って激動のさ中にあった。明治十年代以降、三井の双翼をなしていたのは銀行と物産とであった。銀行では大番頭西邑《にしむら》虎四郎が実権を握っていたが、その経営は乱脈を極めていた。その原因の一つは、先任三野村利左衛門以来の、藩閥との腐れ縁であった。三菱の岩崎弥太郎が、大隈重信・後藤象二郎と緊密な関係にあったのと同じように、三井もまた伊藤博文・桂太郎・井上馨《かおる》などの長州閥に深い関係をもち、その結果として放縦《ほうじゅう》な貸付政策に陥らざるを得なかった。このため明治二十三年（一八九〇）、日本が最初の恐慌《きょうこう》に見舞われ、各地の放漫政策をとっていた銀行の倒産が始まるや、三井銀行もまた危機に直面した。かくて三井十一家の当主は、三野村利左衛門の建言により、顧問井上馨・同渋沢栄一・長老益田孝を交えて相談し、人材を求めて大改革に乗り出すこととなった。この任に当るべき人物として白羽の矢をたてられたのは、当時、山陽鉄道で活躍していた福沢門下の俊秀として聞えた中上川彦次郎であった。

中上川彦次郎

明治二十四年（一八九一）、西邑に代って経営上の実権を握るや、中上川は直ちに改革に着手した。改革の第一歩は不良貸付の整理であった。東本願寺への貸付一〇〇万円、三十三銀行前橋支店への一二〇万円にはじまり、不良貸付の回収を仮借《かしやく》なく断行するとともに、従来の旧弊たる政界との腐れ縁をたちきるべく縦横にその手腕を振った。また当時三井銀行には「地獄箱」というものがあり、大臣以下属僚に至るまでの無心状・領収証がぎっしりつまっていたが、中上川は断固この

朝吹英二

悪弊を一掃することを命じた。この新方針にふれて借金拒絶にあった第一号は皮肉にも伊藤博文であったという。さらに藤山雷太に命じて時の名古屋師団長桂太郎の所有する赤坂の邸宅を抵当として差押えたのは有名な話である。かくて銀行の体質改善を図るためには、自らが政府のあらゆる制肘《せいちゅう》から解放される必要を感じた中上川は、従来、同銀行でおこなってきた「官金取扱業務」を自発的に返上し、銀行の自主的立場を保持することに努めたのであった。

　中上川の業績はこれに止まらない。次代の三井を背負う人材を集めたことは彼の偉大な功績であった。その多くは慶応義塾出身者であり、これは中上川自身福沢の甥にあたるところからでたのであろうが、ともかく慶応と三井との関係はこれにはじまるのである。すなわち、明治二十四年(一八九一)から同二十六年(一八九三)にかけて三井に入社した慶応義塾出身者には、朝吹英二・津田興二・村上定・野口寅次郎・小林一三・菊本直次郎・西松喬《たかし》、それにかの武藤山治および彼と一緒に渡米した和田豊治らがいたのであった。

このような革新気分に満たされていた時であるから、「新しい意見はサッサと採用され、私共は非常に愉快に働きました」と、後年武藤は述べている。もちろん、最初から同銀行の内部がそうであったわけではなく、彼は入社当時を回顧して、次のごとく指摘している。

私共新たに入つたものが新しい改革案を持出しますと、其頃三井銀行の本店支配人として斎藤専蔵さんと言ふ三井銀行育ちの温厚な方が居られ、其脇に今確かに其名を覚えては居りませんが、今井さんと記憶して居ります、この方が調査役として居られ、総て吾々行員が差出す案は此方のところで一応目を通されることになつて居りました。此方《このかた》は三井銀行育ちの方でありますが、まだ年が若く中々頭の明敏な方で、昔からの三井銀行重役の達示なるものを能く覚えて居られ、吾々が新しい案を持つて行くと之を見ては、これは達第何号とか又は達第百何十号とかに背くから採用出来ぬと言つて机の上にうづ高く積上げてある達示文の記録の綴をくりひろげられると、其方の言はるゝ通り、チヤンと達示の文句が現はれて吾々の提案も此関門にて大抵まいらされました。これではならぬと私は係長の藤山雷太氏に図《はか》り、此事を二階の重役室に申出で、こう言ふ古い達示文を楯にして一々吾々の意見を斥《しりぞけ》られ、よい意見が採用されないで困りますから、どうか古い達示文に拘泥《こうでい》しないやうにとの新たなる御達示を願ひたいと進言しましたところ、当時三井銀行の重役は後に男爵になられました三井高保氏が総長で中上川彦次郎氏が副長でありましたが、私共の進言は直ちに採用され、古い達示一切御構ひなしと言ふ新たなる達示が出て、茲《ここ》に初めて三井銀行の改革は非常に進歩しました。此点については独り昔の三井銀行ばかりでなく、今日でも大店や又は大銀行大会社には有り勝ちの通弊とでも申すべきもので、一度此通弊にとらわれますと、店にしろ銀行会社にしろ退歩の初まりとなりますから、店や銀行・会社の重役は最も注意して此弊に陥らぬ用心が肝要であります。

かく武藤は、三井改革のさ中にあって、自らの体験を通して、近代的会社経営法を体得していったのである。例えば、後年、鐘紡兵庫工場の責任者となったとき、この経験を忘れることなく、「一切古い達示文などに拘泥しないやうに常に一般に注意を加へ、使用人其他従業員の是非は、其時の判断に依るべきもので、上役の昨日の達示・命令に反するも毫《ごう》も差支なき旨度々訓示しました」と記している。機構の拡大に伴なういわゆる「官僚化」ないし「独善化」の危険を指摘したものとして注目されるものである。

鐘淵紡績兵庫分工場支配人

かくて、本店抵当係として勤務すること数ヵ月、明治二十六年（一八九三）七月には神戸支店に転出、副支配人にまで抜擢されたが、翌二十七年（一八九四）四月、三井銀行の命令により、鐘淵紡績株式会社兵庫分工場支配人に転勤することになった。

当時の辞令書には、「鐘ヶ淵紡績会社へ採用に付暇申し渡す」とある。これは鐘淵紡績会社は、名は独立の一株式会社であったが、その実は、三井銀行改革中の中上川彦次郎に経営が依託され、自然三井銀行の一分店のごとく取扱われたわけであった。しかも、同社専務取締役には朝吹英二があり、武藤の才幹を見込んで中上川が推挽《すいばん》し、朝吹が抜擢《ばってき》したものと思われる。ともあれ、これより武藤は中上川の工業第一主義を実現すべく、紡績業界に身を投ずることとなるのである。時に武藤は、弱冠二十八歳であったが、翌二十八年（一八九五）四月には、神戸で渥見千世子と結婚した。この中上川および朝吹の知遇に感激奮起した武藤は、更に千世子の内助によって、いわゆる三面六臂《さんめんろっぴ》の活躍期に入るのである。

二　鐘紡の創設

日本における紡績業の発展

日本における紡績業は、西欧先進諸国における技術的遺産を継承し、これを特殊日本的社会条件と結合させることによって急速に発展したものであるが、紡績史上、三つの源流が指摘される。第一は慶応三年（一八六七）、薩摩藩主島津忠義の設立にかかる藩営鹿児島紡績所、第二は明治五年（一八七二）東京王子滝野川に開設せられた鹿島万平の滝野川紡績所、そして第三に明治十年代（一八七七―一八八六）明治政府による「殖産興業」の一環としておこなわれたいわゆる「十基紡」を中心とする一連の官営模範工場の創設およびこれの民間払下げである。しかし、これは製品の劣悪さおよび収益無視の経営から近代紡績業にそのまま連なるものではなく、世界の資本主義的発展の当時の段階に即応すべく、明治政府がいち早く上からの近代化を図った時点にその意義を認むるに止まるのである。

日本の近代的大工場としての最初の紡績工場は、明治十六年（一八八三）、渋沢栄一が、大名華族二一家の出資をもとにして開業した大阪紡績の三軒家工場である。しかも、技術的には、従来の動力源たる水流から離れ、蒸汽機関を用い、当時としては破格の一〇、五〇〇錘という大規模なものであった。

このころより、一方に、貨幣・金融制度の整備、他方に、いわゆる資本の「本源蓄積過程」が進み、資本は鉄道・紡績業などに流入するに至った。かくて紡績業は初期資本主義における資本の集中部門として脚光をあび、民間投資による紡績工場は各地に相次いで設立されるに至ったのであった。

明治二十年(一八八七)より同二十三年(一八九〇)の間に創設されたものは、鐘淵紡績・東京紡績・摂津紡績・平野紡績・浪華紡績・金巾《かなきん》紡績・天満《てんま》紡績・尾張紡績等々二〇社に及んだ。さらに既存工場の増設も盛んで、その結果紡錘数は明治十九年(一八八六)の八一、二六四錘から同二十三年(一八九〇)の三五八、一八四錘へと四年間に四倍以上に増加した。しかも、「明治維新」の変革そのものに規定され、いわば「封建遺制」の上に移植されたともいうべきこの紡績業は、一方で、農村と未分離な女子労働者を極端な低賃金で使用することができたが、しかし、他方で、かかる低賃金に基づく「国内市場」の狭隘性は、逆に当該産業発達の阻止的要因となった。これを補充するためには、軍事力を背景とする「国外市場」の獲得並びに開発が資本の至上命令となったのである。かくて紡績業は、有利な「国外市場」に恵まれて、急速に発展し、弱小経営の合併による資本の集中と、織布《しょくふ》・加工を兼営する経営の多角化とによって、世界的な大企業の出現をみるに至り、昭和十年（一九三五）には、綿織物輸出ではイギリスを凌駕《りょうが》して、世界第一位にまでなったのである。武藤が鐘紡に入ったのは、日本紡績業がまさにその驚異的な発展のスタートをきったその時代であった。

　三井においても、かかる軽工業を基軸とする工業化の潮流を反映し、中上川を中心に従来の商業資本から産業資本への転換が強力におし進められていた。すなわち、鐘淵紡績所・王子製紙・芝浦製作所・富岡製絲所・北海道・九州諸炭鉱の経営がこれである。

東京綿商社

鐘紡の前身は「東京綿商社」と呼ばれる資本金一〇万円の株式会社で、明治十九年（一八八六）設立されたものであった。社長は三越得右衛門で、三井呉服店を中心とする綿花商および木綿問屋によって興された中国取引をその主要な業務とする商社であった。当時、すでに在来の国産綿花は品質・価格ともに外国産に対抗できず衰退の一途をたどり、これに代って外綿とくに中国綿が急速に流入しつつあった。しかし、無計画な綿花輸入は、当時の貧弱な紡績設備をもってする需要を上まわるものとなり、滞貨は山積して、商社を悩ませた。そこで、商社自らが紡績業を起すことによって、これを解決せんとしたのである。

明治二十年（一八八七）四月の株主総会で「東京綿商社」は資本金を一挙に十倍の一〇〇万円に増加し、工場の設立に着手したのであった。

綿絲製造所建設願

日本橋区本町四丁目十六番地

東京綿商社頭取
同区駿河町七番地

三越得右衛門

右奉二願上一候。今般私所有武蔵国南葛飾郡隅田村字古河敷宅地内へ紡績工場ヲ取設ケ、七百五十馬力之瀛鑵ヲ据付、及煙突建設仕、綿絲製造致度候間、御検査之上何卒御許可被二成下一、図面並ニ仕抹書(マヽ)相添へ此段奉レ願候也。

明治二十一年四月十六日

右

三越得右衛門

警視総監　子爵　三島通庸殿

書面願之趣聞届候事

但落着之上届出、検査ヲ受クヘシ

明治二十一年四月二十一日

警視総監　子爵　三島通庸

鐘淵紡績会社

かくて、隅田川畔鐘ヶ淵の三万坪の敷地に贅《ぜい》を尽した超近代的な外観を備えた大工場が出現するに至った。正面には何を思ったのか学習院でかつて用いた鉄門を使用し、建物全体は当時イギリスの新式工場をそのまま再現しようとし、化粧煉瓦まで輸入しようと試みたほどであった。イギリスに学び当時農商務省の技師をしていた工学博士谷口直貞を顧問技師に雇い、取締役奥田小三郎とともにイギリスに派遣、設備の購入にあたらせた。七五〇馬力火力エンジン二基、プラット社製リング紡機九五台、三万錘その他付属設備が相ついで着荷し、雇われたイギリス人技師五名によって据えつけられ、明治二十二年(一八八九)四月、この「三井の道楽工場」である「紡績大学校」は運転を開始するに至った。そして、同年八月、社名も工場所在地の名にちなんで「鐘淵紡績会社」と改称した。これが、後年、武藤山治の活躍の舞台となった鐘紡の濫觴《らんしょう》である。なお、前年、「東京綿商社」はすでに解散し、会社は事実上、三井の所有するところとなっていたのである。

かくて、生産は開始されたものの新式設備を使いこなすだけの技術水準に達しておらない鐘紡においては、他の会社と同様、初期における赤字経営に苦しまねばならなかった。事実、当時「産業革命」の先端を行くイギリスにおいてすらリング紡機が、旧来のミュールにとって代ろうとする時代に、「この洋式紡機の技術にかんする書籍のごときは、イーヴンレイ著述の原書が一冊あるくらいで、当時三万錘といふ大工場を十分に運転管理し得る技術家はなかつた」といわれており、さらに「欧米最新式の工場と、洋風二階建の堂々たる事務所の中では、大福帳やソロバン・スズリ箱を用ひ、事務員は三越・白木屋呉服店出身の前垂れ掛けの番頭連であつた」という状態であった。後進国の近代化の過程でいずれの国でも見受ける過渡的現象である。かかる「手探り仕事」の結果、創業まもない鐘紡は損失が相次ぎ、明治二十三年(一八九〇)には一二三、六〇〇円の赤字となった。

もちろん、経営難は技術的な低さのみから生じたものではなく、当時の日本経済の景気変動によることも見逃しえない。すなわち、日本が最初の恐慌に襲われたのは、先にも触れたように、この年のことである。明治十五年（一八八二）不況に備えて設立されていた企業の連合体である「紡績連合会」は、同二十一年（一八八八）生産制限を実施し、それ以後、不況打開の常套《じょうとう》手段となった「操業短縮」が決議され実施されるに至った。と同時に、早くも「国内市場」の狭隘性を知らされた紡績業は、販路を「国外市場」の開拓に求めはじめたのである。「紡績連合会」の統計によれば、明治二十三年

当時の紡績工場操業の実況

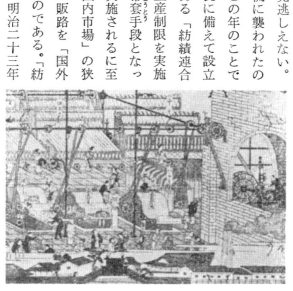

（一八九〇）三一梱《こん》の綿糸が輸出されている。後述する武藤山治に委《ゆだ》ねられた鐘紡兵庫工場の設立は、まさにかかる海外とくに対中国輸出を目的とするものであったことからしても、日本資本主義およびその中軸をなす紡績業の方向は、当時すでに確定づけられていたことが知られるであろう。

ともあれ、当時、三井は放漫な経営政策と経済的不況とによって危機に瀕していた。鐘紡一〇〇万円の資本も殆んど食いつぶされ、三井の代理者山岡正治のごときは「主家不首尾にて遂に閉門を申し付られる」仕末であった。武藤の『私の身の上話』によれば、三井の顧問井上馨に哀訴歎願の様子は、次のごとくである。

当社も損失相継ぎ、二十三年には十二万三千六百幾円の損失を生じ、加ふるに二十三年末に至り、財界は不況となり金融逼迫して如何ともすることが出来ないので、当時三井家の顧問であつた井上侯にすがつて救済の途を仰ぐに到りましたのでありますが、井上侯に近寄つて此事を御頼みするについて、当時の苦心談を監査役たりし稲延利兵衛氏の語られたところに依りますと、当時解散論があつたが自分（稲延氏）は今解散したら株が丸損になる丈である。若し誰か然るべき人物の手に依つて整理すれば好転する見込があると言つて解散に反対し、何とかして三井家の顧問たる井上侯の助けを受けようと思つて、井上侯が寵愛されてゐた三遊亭円朝を煩はし、漸く井上侯に面会することが出来、其席上自分（稲延氏）は鐘ヶ淵紡績会社の改造問題を語り、之を改造し得る人物は中上川彦次郎氏を措《お》いて他にないと話し、井上侯の心を動かすことに成功した、と稲延氏より当時の思ひ出話を度々聞かされました。

中上川彦次郎の社長就任

かくて、三井家の救世主として迎えられた中上川彦次郎は、明治二十五年（一八九二）の総会で朝吹英二とともに取締役となり、翌二十六年（一八九三）社長に就任、鐘紡の経営拡大に踏み出したのである。

既存の工場における技術的向上を図るかたわら、明治二十六年（一八九三）資本金を五〇万円増加して東京に第二工場を増設、ついで翌二十七年（一八九四）、更に一〇〇万円を加え、総資本金二五〇万円をもって、神戸市兵庫吉田新田に輸出品製造を目的とする四万錘の新工場を設立することとなった。かくて、三井銀行神戸支店に転任後まもない武藤が、鐘紡兵庫工場の建設を担当することとなった。時あたかも日本経済が、「日清戦争」による急速な膨張と発展との緒《ちょ》につかんとしているころであり、武藤のための檜舞台は遂に開かれたのである。

三　鐘紡兵庫工場の建設

鐘紡兵庫工場の建設

武藤山治は、鐘紡在職三十余年を顧みて、自叙伝『私の身の上話』の中で、「要するに失敗と努力と幸運の三つの言葉に尽きて居ります。独り私のみならず何人でも過ぎ去りし自己の一生を思ひ出してみれば、この三つの言葉の錯綜した現れに過ぎないと存じます」と、その感懐を述べている。彼の生涯を見れば、まさにこの三つの錯綜である。

さて、兵庫工場における武藤は、文字通りその仕事に熱中した。「初めの四―五年間は、一年三百六十五日一日も休まず働き通しました。元日でも事務所へ出た位でした。後になつて会社の財政も楽になり、せめて日曜日丈は休まうと思つて試みましたが初めは日曜日を休む事は非常に苦痛でありました」と述べ、その恪勤《かっきん》振りを回顧している。

鐘紡兵庫工場の建設が始った明治

鐘紡兵庫工場（煙突は鋼鉄製）

二十七年（一八九四）は、一方では、「日清戦争」が勃発し、日本経済は戦時景気に湧きたっていた。また、他方では、日本郵船によるＰＯ会社（イギリスの汽船会社）の駆逐が効を奏し、印綿（インド綿花）が日本汽船で輸送せられることになり、原料事情も好転し、さらに「紡績連合会」は余勢をかって綿花輸入税撤廃を政府に働きかけるなど、紡績業は飛躍的に発展しようとしていた。後年、武藤は『私の身の上話』で「私はかかる好人気の中に立つて工場の建設、機械の据付けにヘビーをかけました。日々上る綿糸を製造して莫大なる利益を挙げつつある他社の話は、私をして苛出《いらだ》たせるのも当然であります。私は今日猶《なお》一度思を当時に馳《は》せますと、一種言ふに言はれぬ感に堪えませせぬ。此一大失策又は一大齟齬《そご》とも言ふべき失敗は、紡織機械は全部プラット社に注文し、肝心の之を動かす蒸気機関を日本で製造せしめたことであります」といっている。しかしこれは武藤の個人的責任ではなかった。設備の購入については東京の本社がこれにあたっていたのであるが、たまたま鐘紡の技師長吉田朋吉《ともきち》が、当時抵当流れとなって三井工業部の所属となった芝浦製作所の技師を兼任していたところから、この蒸汽機関を一つ同製作所で作らせてみようということになったのである。四万錘の紡機の原動力となるべき一、三〇〇馬力の蒸汽機関の製作は当時の日本の技術水準ではまだ無理であるとされていた。明治二十八年（一八九五）、工場建設・設備据付が完了したのに、肝心の蒸汽機関はまだ完成しない。当時の記録に、次のものがある。すなわち、

当時武藤支配人は芝浦製作所の汽機完成を督促激励し、毎日必ず発送順序に倣《なら》ひて列記したる品名目録を以て督促状を送り、一方芝浦製作所より派遣の組立工を奨励し、或は懸賞或は饗宴に其労を慰し、常に緊張を失はしめず、誠意ある仕上組立を結了せしめられたり。

しかし機関の完成は、予定より六ヵ月もおくれてしまった。この半ヵ年のおくれは、いかなる犠牲を払っても取戻さねばならない。「明治二十九年七月より試

運転を開始し、八月中徐に汽罐圧力を高め、機械の回転数を増し、九月末に至り、昼間四万錘の全運転を行ふ事となり、十月二十三日より、第一工場全部四万錘の昼夜業を為すに至れり」とある。

なお、前記の国産蒸汽機関については当時、大阪の一紡績業者は、次のごとく評価したという。すなわち、

一千三百馬力と云ふが如き大汽機を内地製に仰ぎたる鐘紡の挙は大胆無謀と云ふべし。如何に大三井家の道楽紡績としても未だ嘗て大汽機製作の経験なき芝浦製作所に於て、全国に比類なき陸上大汽機を製造せしめたる事は、恐らく其計画々餅《がへい》に終り、三ヶ月以内に破損廃物となるの失敗を見るべし。

しかしながら、すでに当時の日本の技術もそれほど低級なものではなかった。しかも、この冷罵は、関係者をして発奮興起せしめる動機ともなった。事実、「鐘紡に在りて此機据付に従事せる者一日之を聞きて、緊褌《きんこん》一番大いに奮励して据付

並に運転に当れり。而して大阪同業者の所謂《いわゆる》三ヶ月は、事実に於て三十二年間昼夜六十四年の寿を全うせる外、余命を持てる儘、電化に際し昭和三年十二月九日休転せしむるに至れり」とある。武藤は、この貴い経験を銘記せしめるために、この蒸汽機関を社宝として永久保存すべしと命じたのであった。

中上川・朝吹・武藤のコンビ

かくて、中上川・朝吹・武藤のコンビによる鐘紡兵庫工場の創設は漸く軌道に乗り、戦後の好況の波に乗じて利益も上昇し、明治二十九年(一八九六)には一割の配当をおこなうことができた。武藤が鐘紡兵庫工場で骨身を削《けず》っていたこのころ、東京本店にいて活躍していたのは、同窓の和田豊治であった。留学・三井入社とも武藤と同じであったが、その後の彼は不運であった。東京本店では機械が老朽化して、成績が上がらぬ上に、部下には二度も会社に穴を開けられる仕末で、中上川の期待に背くことが多かった。世間では、ことごとに西の武藤との対比において東の和田を評価し、その優劣を論ずるので、自然に、両者の間は気まずいものとなっていったことは、止むをえなかった。和田は「悪い物を以て善い物を造る」といい、武藤は「善い物を以てせざれば善い物を造れぬ」と主張するのである。所詮《しょせん》それは経営方針の相違であった。

このころたまたま、当時米国ノースロップ社の自動織機が日本でも有名になった。そして、大紡績会社は次第に織布兼営の方向に進みつつあり、三井でもまたこの方針が打ち出された。そこで、朝吹は和田を織機購入のためにアメリカに派遣せしめ、かつ「両駿馬《しゅんめ》を一槽《そう》に食《は》ましむるの弊をも避くべき一石二鳥の方策」をとることに決めた。和田は不本意ながらこれに従った。しかし帰国後三井の織布経営が棚上げされているのを知るや、浜口吉右衛門の勧誘で三井を去り、富士紡績の専務取締役となった。かくて、後年、武藤対和田、鐘紡対富士紡の対抗として、両者の関係は再現されるのである。

しかし和田ばかりではなく、武藤にとっても、紡績業の経営は決して平安なものではなかった。彼のまき込まれた最初の試練は、鐘紡と「中央同盟会」の間に惹《ひ》き起された職工争奪をめぐる紛争であった。

四　職　工　の　争　奪

明治二十年代、紡績業の急激な発展は、紡績職工の極度の不足を生ぜしめた。かかる労働力の不足は、正常な資本主義下にあっては、一時的には資本主義的発展を阻止するとはいえ、需要と供給の法則から高賃金に帰結し、その極において豊かな「国内市場」の創設と、技術革新とを生みだし、その一層の発展をうながすものである。たとえば、アメリカ合衆国がそうであった。しかし、この場合、労働力の自由な移動と、資本の側における自由な競争とが前提される。日本の場合は、少なくとも一時的には労働力の需要はその供給を上まわったにも拘らず、賃金はいぜん極めて低い水準であった。この原因は数多くあるであろう。第一に、

「明治維新」の性格そのものによって規定された寄生地主的土地所有は自由な労働力を創出しえなかったこと。そして、かかる封建遺制をもつ農村には「副業の賃織」がいわゆる「惨苦の茅屋《ヤンマーヘーレン》」として残存したこと。第二に、紡績工の圧倒的部分は多分に「出稼ぎ」的性格をもつ女工であって労働者階級を形成するに至らず、しかも農村を走りまわる女工募集人を通じ、多くは「前借」という形で実家と工場の双方に人身的に拘束せられたこと。そして、第三に、資本家の側に労働者の組織化に先んじて、強固な連合体が生まれ、これが自由な労働者の移動を阻止する機能を果したことなどがあげられるであろう。

紡績連合会

行論《こうろん》の都合上、第三の点をまず採り上げることとする。前記の如く、明治二十年代初頭の職工不足は、工場相互間の職工引抜きとなって現われ、業者の団体である「紡績連合会」は、これに対処することとなった。すなわち、明治二十二年（一八八九）第二回総会において、職工に関する「規約」を強化し、その移動を制限し

た。たとえば、その「規約」には、次のごとき条項がみられたのであった。すなわち、

第五条　職工傭入ヲ請フトキハ、其歴ヲ取調ベ試験ノ上適宜傭入レヲ得ルト雖モ、其者従前他紡績所ニ従事シ、其保証状ヲ所持セザルトキハ、必ズ前傭紡績所ニ照会シ其承諾ヲ得ベシ。若シ職工事実ヲ隠蔽シ、傭入レノ後前傭紡績所ニ於テ停傭ノ照会ヲナストキハ、其儘続傭スルヲ得ズ。此場合ニ於テ其隠蔽ノ事実取調ノ手続ヲ拒ムヲ得ズ。

第六条　甲紡績所ニ於テ、乙紡績所ノ職工ヲ傭入レントスルトキハ、乙紡績所ノ承諾ヲ得テナスベシ。但紡績所ト職工ト直接ノ予約ヲ結ビ、甲乙ヘ転ゼシムルヲ得ズ。

第七条　当聯合紡績所ハ、其工場使役職工ノ一部又ハ全部ノ者結合シテ罷工ヲナス等ノ場合ニ於テハ、速ニ其職工ノ姓名ヲ同盟中ニ通知スベシ。同盟者ハ

其報告ヲ得タル後其職工ヲ傭入ル、ヲ得ズ。

これらの「規約」には、明らかな「人身拘束」とストライキに対する「報復手段」とが盛り込まれている。しかしながら翌明治二十三年（一八九〇）には、恐慌が起り、企業は縮小したから、この規定も一時反古《ほご》同然となった。そして再び明治二十五年（一八九二）ごろより景気が恢復、増設相つぐにつれてこの問題が再燃するに至ったのである。明治二十五年（一八九二）七月、大阪府下の九紡績は、「摂泉紡績業同盟規約」を制定、翌二十六年（一八九三）には、これが全国的に拡大されて「中央綿糸紡績業同盟会」が結成され、職工の逃亡および争奪の防止が図られた。しかし熟練工の不足と募集費の騰貴とは、業者を馳りたてて、他工場よりの職工引抜きに狂奔させる結果となった。本来ならば、かかる機会を逃すことなく、労働者は高賃金を要求し、かつ自らの組織力でかかる拘束を打破すべきであった。しかし、日本にはまだそのような条件も事情も成熟していなかった。争奪という人為的な細井和喜蔵著『女工哀史』

移動は、必ずしも労働者を最高賃金を支払う工場に誘致するわけではない。時には募集人の周旋料収取の手段としてこれがおこなわれたことは、かの『女工哀史』の著者細井和喜蔵が、自らの体験として記しているところである。

さて「同盟会」創設以来、鐘紡はしばしば入会を勧告されてきた。しかし「会社は遠隔の地にある事故必要なし」という理由で、また「中上川・朝吹両氏が当時の大阪地方紡績会社の苛酷なる職工取扱振りを非とし、当社に於ては職工を優遇すべしとの意見を固く持つて居られたから」その都度、入会を拒絶していた。「同盟会」の「規約」が労働者を圧迫するものであるからこれに反対するという限り、鐘紡の態度は正しいのである。人間は本来、選択の自由を有するものなのである。職工引抜きへの対応策は、労働者をして該工場に止まらしむるに足る高賃金と労働条件であるべきことは自明の理である。

ともあれ、鐘紡兵庫工場が運転を開始するや、その優遇ぶりを聞いた他工場の職工が鐘紡に入り込んできた。その正確な数は不明である。飯島幡司著『日本紡績史』には、「鐘紡は東京の本社で職工を養成していたが、新設の兵庫工場では、三千人近い多数の職工を至急揃えるため、大阪附近の職工を手当り次第引張った」といっている。これに対して武藤は、『私の身の上話』において、反駁している。

私は中央同盟会加入の各社との紛争を避くるため、兵庫工場に使用する職工養成のため多額の費用を費し、一部は遙かに東京工場にまで見習に送りました。当時の帳簿を調べて見ますと、私が募集した職工の数、千三百五人に達し、其養成のために費した金額は実に五万千二百三円九十銭に及んで居ります。(中略)本社に於ても兵庫工場のため職工を募集して、愈々運転を始めると多数熟練工を送つて応援しましたから、工場運転には相当の準備が出来、中央同盟会加入の各社にさう迷惑を与へなかつたことは明かであります。勿論職工は新しい工場を好むのと、今一つは当時鐘紡兵庫工場構内に新に建築せる広大なる寄宿舎・賄所《まかないしょ》・食堂等、当社職工の優遇設備を伝へ聞いて、各社職工が幾分逃れ出て入社し来つたことは事実であります。しかし中央同盟会加入の多数工場から若干の職工が新設の鐘紡兵庫工場へ移動したからとて、さう問題にする程の事はなかつたのです。それを大層に騒ぎ立てゝ大事件にするに至つたのは、全く中央同盟会の当事者が事を好み誇大に報告したため、其報告に同盟会各社の重役が動かされた為めであります。当時大阪地方紡績会社の習慣は、今日とは丸で違つて居りまして、職工掛に無頼漢を使用し、他社の争奪に対抗し一旦雇入れた職工、主として女工が不満を抱き退社せんとするものを防止する常用手段としてゐました。中央同盟会の当事者は各社の間に事起れかしと待ち構へ、各社の間に仲裁するよりは針小棒大《しんしょうぼうだい》の報告を為し、紛争事件を誘発して飲んだり食つたりして運動費を濫費する弊風がありました。

これだけの材料でいま遽《にわ》かにその真偽を判定することは困難である。そこには自らを「規則」で縛られて、鐘紡のように大胆に振舞えない同業者の妬《ねた》みもあったであろう。また同盟会本部の面子《メンツ》もあったであろう。しかし、鐘紡に対する制裁は、意外に大規模な形をとって現われた。すなわち、明治二十八年（一八九五）十二月、「同盟会」は全国の新聞に鐘紡弾劾《だんがい》の宣言を発表し、取引商人や運送会社に対し、鐘紡との取引を中止しなければ、当方からいっさいの取引を拒絶するという回文を出すに至った。かかる経済封鎖に加え、双方暴力団を繰り出して紛争は次第に血腥《ちなまぐさ》いものとなった。武藤自身「治療一週間を要する障害を与へた者には参百円」という懸賞金付きで刺客《しかく》に狙われるほどであり、もはや解決するものはただ暴力のみであった。この「職工争奪戦」は取締役朝吹英二を通じ同社の監理者ともいうべき三井銀行専務中上川彦次郎に伝えられた。「同盟会」の乱暴なやり口を聞いた中上川は烈火の如く怒り、三井銀行大阪支店に命じて「同盟会」側に対する一切の融資を拒絶せしむることとなった。こうして、「鐘紡」対「同盟会」の争いは、「三井」対「同盟会」の争いに転化し、国家的問題にまで立ち至らしめたのであった。

岩崎弥之助の仲裁

かくて、遂に三田《みた》の福沢諭吉の斡旋によって、当時日本銀行総裁であった三菱財閥の岩崎弥之助が仲裁に乗り出すことになった。こうして二ヵ月にわたった激しい闘争も、金子堅太郎・中上川彦次郎・難波二郎三郎・植村俊平・前田正名・朝吹英二・渋沢栄一・砂川雄峻らが一堂に会し、「雇主相互の関係を円滑にし、かつ雇主と職工との情義を親密ならしめ、もつてわが国紡績業の基礎を強固にし、将来におけるこの事業の隆盛をはかるため」に和解が成立し、鐘紡の「同盟会」加入ならびに「同盟会規約」の一部改正で事件は落着した。時に明治三十年（一八九七）二月十五日であった。

当時の事情を物語る「仲裁裁断書」および「紡績業規約設定委員会決議」の全

文を掲げるならば、次のごとくである。

中央綿糸紡績業同盟会鐘ヶ淵紡績株式会社及合名会社三井銀行の仲裁裁断書
今回中央綿糸紡績業同盟会鐘ヶ淵紡績株式会社及合名会社三井銀行の間に生じたる紛議は、我国の経済上に尠《すく》なからざる影響を及ぼずべきを以て、余は大いに之を憂へたり。右紛議の当局者も亦其の国家の利ならざるの故を以て、之が調停の道を得んと欲し、余を挙げて全権を有する仲裁者となし、一に余の裁断に由《よつ》て事局を収結せんとする誠実なる意志を表されたり。依つて余は不肖《ふしよう》を顧みず、其請に応じ仲裁の任に当ることを承諾したり。
右紛議の原因及び其今日の形勢に至りたる仕第（マヽ）は、今茲に之を叙するの要なきを以て、余は直ちに前記同盟会及三井銀行の行為に対し余の所見を略述せん。
右同盟会が職工の移動に関し、先づ穏かに鐘ヶ淵紡績株式会社に照介して其局を収むるの道を講ぜず、直ちに其同盟の力に依り取引拒絶の手段を取りて鐘ヶ淵紡績株式会社及び之と取引の関係あるものに臨みたるは余の遺憾とする所なり。又三井銀行が経済社会の要処に居りながら、金融を円滑ならしむべき本分を恪守《かくしゅ》せずして鐘ヶ淵紡績会社に与《くみ》し、他の一方に対する取引を拒絶したるも亦余の等しく遺憾とするところなり。若し夫れ鐘ヶ淵紡績会社と右同盟会との間に縕《わだかま》れる職工取締に関する件の如きは、工業上の一問題にして事頗る錯雑に渉《わた》るを以て、之を決裁するは別に適任なる委員数名を推挙し、其審査決議に一任せんとす。依つて余は此争局の一日も早く平穏に収結せんことを希《ねが》ひ、左の如く断案を下す。

一、中央綿糸紡績業同盟会は鐘ヶ淵紡績株式会社と取引する者に対して発表したる取引拒絶の決議を取消すべし。

一、三井銀行は中央綿糸紡績業同盟会及び之と関係あるものに対して実行する取引拒絶を廃止すべし。

一、今回中央綿糸紡績業同盟会と鐘ヶ淵紡績株式会社との間に生ぜし紛議の原因たる職工取締に関する規約の設定は、特に委員を推挙して之に一任すべきを以て、各当時者は其決議に従ふべし。

右之通裁断候也。

明治三十年一月二十三日　　全権仲裁者　岩崎弥之助

明治三十年一月二十三日付仲裁々断の旨に基きて推挙したる紡績業規約設定委員より、別紙之通決議の報告有レ之候間、其謄本一通御回付《に》及《び》候也。

明治三十年二月十六日　　全権仲裁者　岩崎弥之助

鐘ヶ淵紡績株式会社

紡績業規約設定委員会決議

専務取締役　朝吹英二殿

紡績業規約設定委員会決議

紡績業規約設定委員会は今回の論争を調停し、傭主相互の関係を円滑にし、且つ傭主と職工との情義を親密ならしめ、以て我邦紡績業の基礎を鞏固《きようこ》にし、将来に於ける斯業《しぎよう》の隆盛を謀《はか》る為め、茲に決議すること左の如し。

第一条　中央綿糸紡績業同盟会は左記の主旨に依り其規則を修正加除すべし。

一、第五十条に規定する職工の傭使約定期限は満二年を超ゆべからず。未熟の職工を新規傭入るゝ場合には其約定期限は満三ヶ年を超ゆべからず。但し職工として一ヶ年傭使せられたるものは未熟の職工と見倣すことを得ず。

一、会員は他の会員の傭使約定期限内の職工を傭使することを得ず。之に背くものは左の規定に従ふべし。

但し傭主に於て約定の給金を其職工に給与せざるときは之を解傭したるものと見做す。

（一）　情を知らずして他人の職工を傭使したる者は最終傭主より解傭の請求を受けたる日より三日以内に之を解傭すべし。若し右期限内に解傭せざる者は最終傭主へ職工一人に付損害賠償として金拾円以上参拾五円以下を支払ふべし。

（二）　情を知って他人の職工を傭使したる者は前項の規定に従ふの外、不当に之を傭使したる所為に対して別に最終傭主へ職工一人に付金五円以上弐拾五円以下の損害賠償を支払ふべし。

但し最終傭主が其傭使約定満期後に至り不当傭使者を知りたる場合と雖も、右満期前に傭使したる所為に対して本項の規定を適用す。

一、規約第六十四条第二号に該当する職工の傭使は傭使約定期限内の職工の例に倣《なら》ふ。
但し其職工を傭使したる者又は傭使せんとする者は解傭者を相手として解傭の当否決定の私裁を請求する事を得。
一、第六十四号第一号及第二号は前記の旨趣《ししゅ》に依りて之を修正し、同上第三号乃至第五号は之を削除すべし。
一、第八十四条の規定に依り情を秘して自己の職工を他の工場に入場せしむる事及第八十九条の規定に依り会員外の同業者職工を誘導する場合に於て施行する臨機の処置は総て之を廃止すべし。
第二条　鐘ヶ淵紡績株式会社兵庫支店は前記決議の如く修正加除したる規約に従ひ、中央綿糸紡績同盟会に加入すべし。
第三条　中央綿糸紡績業同盟会規約中今回改正すべきものと決定したる条項

以外に於て、右改正の旨趣に適せしむる為め他の条項を変更するを相当なりと認むるときは同盟会に於て之を改正すべし。

第四条　中央綿糸紡績業同盟会員又は鐘ヶ淵紡績株式会社が遵奉《じゅんぽう》する他の申合規則中前記改正の旨趣と牴触《ていしょく》する廉《かど》あるときは之を改正することに尽力すべし。

第五条　紡績業者は各自単独に若くは互に協同して将来我邦紡績業の隆昌を謀る為め一層注意を厚ふし、特に左記の事項を実施拡張せん事を切望す。

一、職工をして其身元保証金の代用として毎月一定の義務貯蓄をなさしめ、傭主も又職工保護の為め少くとも之れと同額の義務支出を為し、之を共同貯金として確実なる利殖方法を謀り、左の規定に依り之を処分する事。

左の場合に於ては共同貯金は職工に付与す。

（一）　正当の事由に依り就業し能はざるか若くは傭主の都合に依り解傭

したるとき。
（二）傭使約定期間を無事満了したるとき。
（三）死亡したるとき。
左の場合に於ては共同貯金は傭主の所得となす。
（一）職工が傭使約定満期以前に於て慢《みだ》りに業務を離れ又は逃亡したるとき。
（二）犯罪又は不正の行為に依り解傭したるとき。
二、職工病傷の場合に於ては容易《たやす》く其医療を得るの方法を設け、本人若くは家族の為其生計の幾部分を扶助すること。
三、職工其職務の為めに死去したるときは相当の金額を給与すること。
四、職工の父母重患に罹《かか》りたるときは其休業帰省を許す事。
五、女工及幼年職工には過当なる業務を課せざる事。

六、幼年の職工には簡易適切なる教育を受けしむる事。

右之通決議候に付報告に及候也。

明治三十年二月十五日

紡績業規約設定委員

金子堅太郎
中上川彦次郎
難波二郎三郎
植村俊平
前田正名
朝吹英二
渋沢栄一
砂川雄峻

全権仲裁者　男爵　岩崎弥之助殿

しかし、かかる職工争奪戦の意義は何であったか。「爾来《じらい》職工に対する紡績会社の待遇は全然面目を改め、日と月と共に職工の利益・幸福を増進するに至りましたこと、我紡績界のため誠に喜ぶべきことであります」と武藤は衷心からその改善を祝福している。「奴隷争奪」にも似た資本家間の労働力維持政策の妥協が、労働者の福祉と生活の向上に帰結するならば、それは「喜ぶべきこと」に相違ない。しかし歴史の冷酷な歯車は、日本資本主義経済の発展に伴って、明暗二つの局面を展開した。この職工争奪戦の終了した明治三十年（一八九七）以降、日本経済の不況は労働者の待遇を更に苛酷なものとし、それに対応する労働運動も激化して漸く組織化の方向に進みつつあった事実を示している。この点については後に述べる機会をもつであろう。ともあれ、この紛争の意味するところは、一方に、当時拘束労働制度ともいうべき前近代的要素の残存を公示したことと、他方に、財閥三井を背景とした鐘紡までも妥協的に内部に組み入れるほどに強固な企業連合体が形成せられていたという事実であって、ここに特殊日本資本主義の典型を見ることができるのである。

しかしながら、武藤にとっては、この紛争は弱肉強食の実業界における最初の試練であったが、彼自身、理想に生きることの困難を味わったと同時に、その「闘志」によって一躍紡績業界に、その名を謳《うた》われるに至ったのである。

五　不況期における活躍

明治三十年代は、日本資本主義の急速な発展と資本の集中の時期であった。しかも、それは好況と不況の目まぐるしい交錯の中で、大企業が小企業を駆逐していく過程でもあった。

好況と不況

弱冠二十八歳にして鐘紡兵庫工場の責任者となった武藤山治も、この激しい競争のさ中に「人一倍の努力」を続けなければならなかった。経営者として未経験な彼にしてみれば、すべては見よう見真似《まね》であったから、思わぬ失敗も多かったことは当然であった。

「宵越《よいごし》の金は持たぬ」式の関東と、「がめつい」関西とでは、おのずとその会社経営にも差異があった。財閥三井をひかえ、その「殿様工場」を目撃している武藤にとっては、すべて質素倹約をモットーとする関西実業家のやり方は見習うべき点だと考えた。とくに専務朝吹英二からくれぐれも派手に振舞わぬよう諭されていたところであり、その事務所などは模範となるほどに粗末なものとしたのであった。

当時、大阪地方では、倹約家で名高かった菊地恭三の摂津紡績がその高利潤で名声を馳せていた。たまたま武藤は三田の同窓木野与之助が摂津紡績の用度係をしていたところから、彼を通じて、同社の内容を聞いた。その時武藤が「これだ」

と思ったのは摂津紡績が日用の需要品はすべて国産の安物でまにあわせていると
いう事実であった。摂津紡績のゆき方を踏襲《とうしゅう》せんとして武藤は木野と同時に技師
中村熊八郎を譲り受け「万事摂津紡績の経営法を規範として」経営を進めた。し
かしまもなくこのやり方は全く間違っており、「一文惜みの百失ひ」であること
を知った。摂津紡績の高利潤は当時の好景気によるもので経営方針によるもので
ないことが漸く判明した。直ちに武藤は国産品の使用を止め、機械部品すべて舶
来品を使用するに至った。その結果は、良い品ができてそれが高く売れて、外国
製の設備を維持するコストをカバーして、なお高利潤が得られることとなったの
であった。

こうして武藤は「失敗は人生の至宝なり」を座右の銘として、「職工優遇こそ
最善の投資なり」とする武藤独特の「温情主義」の実践を通じて、遂に「工場経
営の極意」を体得していったのであった。

しかしすでに日本資本主義の網の目の中に組み入れられた鐘紡は、武藤の手腕の如何に拘わらず、周期的な景気変動の中で揉《も》みに揉まれて成長してゆくのである。明治三十三年（一九〇〇）に勃発した「北清《ほくしん》事変」（義和団事件）は、鐘紡兵庫工場にとって最初の危機であった。

日清戦争

「日清戦争」を契機として、日本資本主義は体制的にその基礎が確立し、軽工業部門においては、すでに政府の育成を離れ、産業資本の自主的経営に委《ゆだ》ねられ、政府の育成策は軍需を中心とする重工業の方向に転換しつつあった。金融の面においても、清国よりの賠償金など三億七千余万円をもとに、松方正義の大事業であった「金本位制」も、漸く明治三十年（一八九七）には確立するに至ったのである。

紡績業においても、その発展は著しく、明治二十八年（一八九五）の五八万錘《すい》・三六万梱《こん》から、同三十二年（一八九九）の一一八万錘・七五万梱と倍増し、しかも、この間綿糸輸出高は輸入高を上まわり、綿糸輸出国としての転期を画したのである。かくて紡績業は供給過剰の危険をも考慮に入れず、無謀と思われるような経営の拡大をおこなっていったのである。

この「北清事変」の勃発に伴う金融恐慌は、従って、不当な固定設備を抱え込んだ紡績業に手痛い打撃を与えずにはおかなかった。武藤の鐘紡も例外ではなく彼は「毎晩寝汗をかく」ほど苦しめられたのであった。当時のことを武藤は、後年『私の身の上話』の中で、次のように回顧している。

当時私は鐘紡の経営に当りまして仕事に全力を挙げて居つて、社の財政に就いては甚だ無関心で居りました。それは背後に三井銀行があるから、金などのことは全く心配する必要がなかつたからでもありますが、主として私が未だ事業経営に対する苦労が足りなかつた為め、後から考へて見ますと財政上殆ど無謀な計画をやつたのです。当時鐘紡の悩みは、東京本店の機械の大部分がブルークス゠ドキシー会社の製造で、印度綿を原料としたる太糸製造には、其後起つた他社の採用したプラット社に比すれば能率が及ばなかつたのです。之に加ふるに前に申述べましたやうな次第で、兵庫工場の原動部の機械の製造が遅延した為め、日清戦後好景気の時に一ヶ年近くもあの四万錘と云ふ大工場が運転出来ない、費用はかゝつて利益が全く挙がらない、さりとて株主に全然配当せぬと云ふことも出来ぬと云ふので兵庫工場の敷地の値段を上げて計算をつくろつて配当をしたような次第

ブルークス=ドキシー強撚機（鐘紡京都支店使用のもの）

で、自然固定資金が膨脹《ぼうちょう》しました。そこでこれに対する切抜策を私は、日清戦争前後に設立され経営困難で弱つてゐる他の会社の工場を買収して平均を取るといふところに置き、住道《すみのどう》・中島《なかのしま》・洲本《すもと》の三工場を買収しました。其計画は誠に良かつたのですが、其買収金約百万円を一時の借入金に依つたのが、私の後になり義和団事件で一層ひどく苦しむ原因となつたのです。そこへ運の悪い時は不運が重なつて来るもので、当時二六新報が三井銀行の攻撃を初めそれが元で取付が起り、私が唯一と頼む綱が切れたばかりでなく、かう言ふ場合にはいくらかでも金を拵《こしら》へて三井銀行の借金の中へ戻し入れなければならぬと云ふ心尽しからひどく苦しんだわけです。

かくて武藤は、単身借金のやりくりに奔走せざるをえなくなった。正金銀行神戸支店長山川勇木に一〇万円の融通を頼み、一週間も待たされて漸く貸付を受け得たり、神戸の三菱の支店長荘《しょう》清次郎に縋《すが》って、散々説教された後、三万五千円の融資を受け得たのもこのころのことである。そのころ武藤の下で出納係をしていた佐野藤作は、当時の模様を「追憶談」の中で次のように述べている。

あの頃は鐘紡の信用は皆無の時で、約手を綿屋へ出しても綿屋が拒むのも道理、銀行が割引してくれぬからである。直接銀行へ借りに行くと、また鐘紡が借りに来たと言つて行員は便所へ逃げて行くと云ふ有様であつた。これは人情で断はりにくいからである。其事を武藤さんに話すと、武藤さんは自分で出掛けてやつと二万円位の都合をつけて来られる。二万円位は直ぐ一―二軒の綿屋が来ると無くなつてしまふから又入用となる。自分は到底綿屋へ断りきれぬので、病気と称して休んだことがある。武藤さんは又自分で金策に出かけられる。それでやつと出来るのが、また二万円位のものであつた。或日、余り或銀行の日歩が高過ぎると自分が思つたから、少し値切つて居る電話の様子を武藤さんが耳にされて、「銀行に対して日歩を値切る事があるか、いくらでもよいから借りろ、此場合日歩の一厘や二厘値切つて銀行の感情を害してはいかぬ」と注意を受けたことがあつた。

ここにも武藤の性格の一面が、ありありと窺われるのである。

また武藤は日本銀行にも金融を申し込み、多額の融資を受けたこともあった。しかしこの場合は、借金総額を返済するまで担保品を取り出すことができない規則が日本銀行にあり、皆済までに相当期間がかかったため、担保物件の綿花をとり出したときには腐れがまわっていて使いものにならないというような失敗もあった。しかし、金融逼迫によって危い橋を渡っていたのは、決して武藤の鐘紡ばかりではなかった。当時、多少なりとも財政的余裕を見せていたのは、かの一文おしみの摂津紡績と尼崎紡績の二社ぐらいなものであった。かくて危機克服のため紡績業を打って一丸とする自衛手段が採られることとなったのである。これは、日本の紡績産業史上に特筆大書さるべきことである。

自衛手段

明治三十三年（一九〇〇）六月、全国三七社の代表は、大阪商業会議所に集合し、金融緩和のための運動を展開することとなった。武藤も上京委員五名のうちの一人に選ばれ、率先上京し中央への働きかけに奮闘した。その結果、勧業銀行より工場抵当で二〇〇万円が貸し出されることになり、ここに漸く一息つくことができたのであった。

他方において、「紡績連合会」は、過去二回にわたって経験している「操短《そうたん》」を決議、滞貨の一掃を図った。その効果は明らかで、綿糸相場は、漸次に安定するに至ったのであった。

かくして、金融難による破産は免がれたものの、鐘紡の財政は破綻《はたん》に瀕していた。武藤は「一日も早く社の財政を立直し借金の苦みから免がれるため命がけの奮闘努力」を続け、「私は一年三百六十五日、一日も会社を休まず働きました」と後年述懐している。そしてまた鐘紡の財政的基礎を固めるため二期にわたって無配当を断行した。株主総会の席上、「無配当の議案を提出し諄々《じゅんじゅん》と其止むなき所以《ゆえん》を朝吹専務から説明されますと、株主は無言のまま之を受入れて、殆ど質問らしい質問すらするものがなく、森閑《しんかん》として弔みの場所の如くでした。かう云ふ場合には株主より非難の言葉でも聞いた方が、どの位楽であつたか知れません。私は無配当する辛さをしみ〴〵と感じました」と述べている。営利会社の責任者として武藤は、これ程心を痛め苦しめたことは嘗てなかったと洩らしている。

中上川彦次郎の急逝

しかし武藤の不眠不休の努力の結果は、鐘紡の前途にも一脈の曙光の兆《きざし》が見出され、武藤も漸く安堵の気持を抱いて、せめて日曜日ぐらいは自宅で休息しようかと考えるようになった。しかし、その矢先、親とも頼む中上川彦次郎は四十八歳の若さで急逝した。明治三十四年(一九〇一)十月七日のことである。

中上川の死は、鐘紡はもとより、三井内部の三田系に大きなショックを与えたことはいうまでもない。それは一つには、当時、中上川と井上馨との間にある確執が生じていたからであり、二つには中上川と益田との間も必ずしも円満でないという噂があった時であったからである。利権漁《あさ》りを潔《いさぎよ》しとしない中上川の方針は時の薩長閥と同穴《どうけつ》の狢《むじな》である井上にとっては、やり過ぎとみえたであろう。事実、武藤をかつてあれほど金融で悩ませて原因となった三井銀行の取付け騒ぎは、中上川の失脚を狙って、伊藤・山県・井上らが『二六新報』に手を廻して打った大芝居であったといわれている。また、中上川の工業主義が着々と進む間、三井の元老益田孝は物産にあって鳴りを潜めていたものの、本来、商業をその中心とする物産としてみれば、中上川の大胆な工業への投資は、益田の眼には危ない綱渡りに映じたであろう。かくて、三井の経営方針は中上川の死を契機として、再び商業主義の方向に修正されてゆくのである。

このような事情であったから、朝吹も武藤も落胆し、かつ何らかの処置を覚悟していた。しかし人事に関する限り、三井管理部理事の早川千吉郎が中上川の後任として三井銀行専務理事に就任したほか、何事も起らなかった。しかし井上の緊縮政策は直ちに実行に移され、中上川の計画になる事業は生糸業はじめ殆んどが売却・廃棄されてしまった。鐘紡兵庫工場でいずれかの沙汰を待ちつつ働いていた武藤のもとへ、益田より「至急上京せよ」との通知があった。馘首《かくしゅ》を覚悟して、度胸を決めて益田を訪問すると、意外にも益田は武藤に対して「君は紡績の大合同を熱心に唱えているそうであるが自分も至極同感だ。出来る丈後援する」と激励された。感激した武藤は兵庫に帰るや、ただち

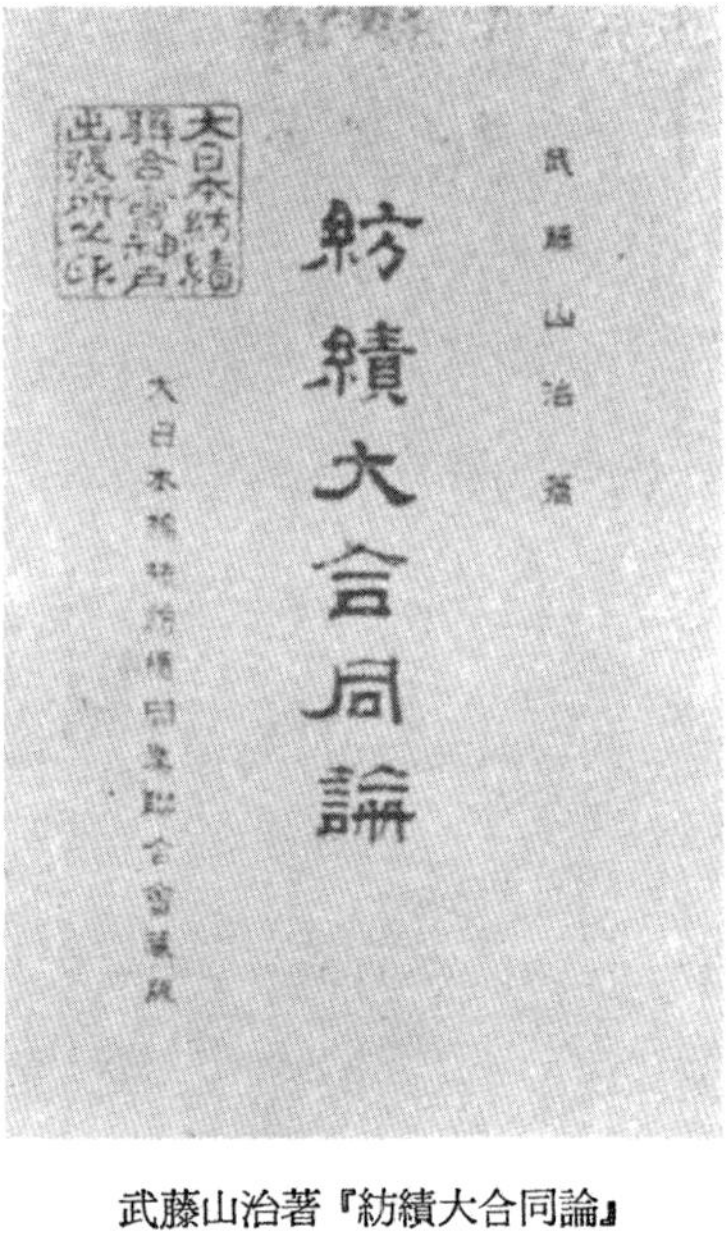

武藤山治著『紡績大合同論』

に筆をとり、たちまち『紡績大合同論』を書き上げ、ついで、この「大合同」を自ら実践に移したのである。

武藤山治著『紡績大合同論』

六　資本の側から見た紡績業と「武藤式企業経営」

自由競争と独占

「自由競争」は、必然的に「独占」に帰結する。世界資本主義は、二十世紀の開始のころまでに、すでに「自由競争」の段階を終了し、「独占」の段階にまで進展していた。それは「大経営」による「小経営」の駆逐である。武藤の「大合同論」も、実はかかる世界史的趨勢を反映したものにほかならなかった。明治三十四年(一九〇一)、大阪府下の紡績業者の会合において、武藤は「合同」について、次のように述べている。すなわち、

日清戦後四-五年間に、われわれ紡績業者はいろいろ苦痛を感じている。こ

とに明治三十三年、経済社会が反動を起して、非常の恐慌を来たし、これに加えて義和団事件が発生したということのため、いっそうはなはだしい困難に出あった。今日の場合われわれのとるべき途は、紡績大合同を行って、そうして内外の包囲攻撃に向って対抗するよりほかはない。そもそも合同とは元来アメリカのトラストから起ったことである。このトラストはアメリカでは、はなはだ容易に成功して、流行を来しているが、日本では議論としてはよろしいが、実際には困難が多い。はじめトラストをやった起りは、商売上の同盟であった。近来はだんだん変遷してトラストは商売上の同盟ではなく事業そのものを合併することを称することになって来た。われわれ紡績業者も、商売上の同盟ではどうも面白くない、今一歩を進めて合併しなければ駄目だと思う。

もちろん武藤の真意は、あくなき合併による一鐘紡王国の建設という野心めいたものではなく、互に足を引張りあう小企業並立の弊をなくし、共通の利害を分ちあい、不況期の困難を最少限度に食いとめようとするものであった。

上海紡績合併の際，上海にての記念写真（明治32年７月）（前列右より，藤井某，武藤山治。後列右より，八木与三郎，山本条太郎）

ともあれ、彼は着々と自己の信念に基づき「合同」を進めたが、他の大企業もこれに倣《なら》った。否、それは、個人の意志を乗り越えて、一つの経済法則として、自らを貫徹して行ったのである。事実武藤によって打ち出されたこの「合同」計画は、

紡績資本の集中

飯島幡司著『日本紡績史』

早くも、明治三十二年（一八九九）、約二万錘《すい》の上海紡績を合併したのにはじまり、ついでそれぞれ一万錘の河州紡績・柴島紡績を買収し、翌三十三年（一九〇〇）には同じく一万錘の設備を有する淡路紡績を合併している。同三十五年（一九〇二）には、折からの不況期に直面して、経営難にあえぐ九州紡績・中津紡績・博多紡績を合併し九州全域をその掌中に収めた。こうした資本の集中は鐘紡のみに止まらない。すなわち、飯島幡司著『日本紡績史』によれば、天満・朝日両紡績は合併して大阪合同紡績を設立し、さらに中国紡績および明治紡績を合併した。また平安・伏見両社は合併し、摂津紡績は大和紡績・平野紡績を、岸和田紡績は泉州紡績を、そして福島紡績は福山紡績をそれぞれ買収合併するなど、紡績業界全般にわたる再編成が着々進展した。かくて明治三十二年（一八九九）末の七八社・一〇五万錘は、同三十六年（一九〇三）末の四六社・一二六万錘となり、会社数では四〇％が減少し、紡錘数では二〇％が増加しているのである。

時代を一歩先んずるもの

かかる目まぐるしい合併・吸収の中で武藤の率いる鐘紡は、連山の上に聳《そび》える秀峰の感があった。それは武藤の経営者としての非凡な手腕と不撓不屈《ふとうふくつ》の努力の賜であることはいうまでもない。事実、武藤の方針には、常に「時代を一歩先んずるもの」があった。これは武藤の全生涯を貫《つらぬ》いて変らない信条であったし、このために社会主義者と誤解されたこともあり、財界人に仇敵を作る結果ともなった。たとえば、「鐘紡の糸はやせている」という不評に対しては、積極的な広告と宣伝とで織物業者に自社製の真価

鐘紡糸の見本箱

を知らしめるなど、当時は誰しも気がつかないことであった。鐘紡の新式の機械と技術によって紡《つむ》がれた糸が、他社のものより細く見えるのはその良質を示すものであることに確信をもっていた武藤は、右側に「右撚《より》十六番手」、左側に「左撚二十番手」の鐘紡糸を一玉ずつ入れた瀟洒《しょうしゃ》な見本箱を業者に送り、ついで全国の織屋に「鐘紡製糸鐘印懸賞試験に関する規定」を発表、織屋自らに他社製品との優劣を試験させ、その集った実験報告から、鐘紡の糸の優位が立証せられるや直ちに全国に試験の結果を報告したのであった。さらに、木製織物機械改良案の懸賞募集、メリヤス専用糸の販売、力織機専用経糸《たていと》の製造、はては操業時間の短縮に至るまで新聞広告により宣伝した。当時、卸問屋などは新聞広告は無益と考えられていた時代であるから、原料製造会社が大衆に宣伝するなど無駄な出費と思われていた。しかしこの効果は大きかった。「私は鐘紡が当時比較的短い年月の間に、関西に於て第二流の紡績会社でありましたものを、遂に覇《は》を称するに導くことが出来たのは新聞広告を利用した点に依ること疑ひないと信じています」と武藤は回顧して述べているのであるが、ここにもアメリカ時代の経験および帰国最初の事業であった広告取次業が大きく影響しているのである。

　このような武藤の血みどろな努力は重ねられ、鐘紡の社業は躍進したが、日本紡績業全体としては対中輸出も伸び悩み、その発展はむしろ停滞状態にあった。しかし時ならぬ幸運は直ちに訪れた。それは、明治三十七年（一九〇四）二月の「日露戦

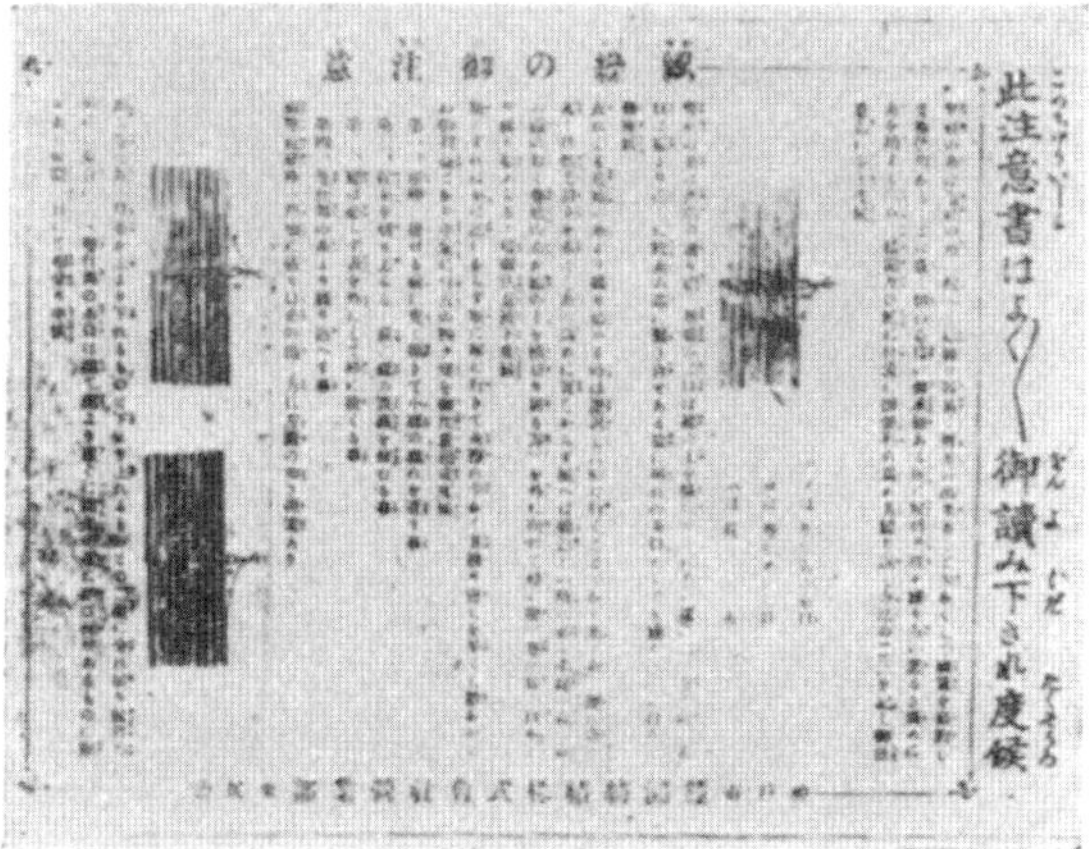

綛繰の御注意

此注意書はよく〳〵御讀み下され度候

綛繰の注意書

争」の勃発であった。日本政府は、過ぐる十年間を、「日清戦争」によって漸く獲得していた遼東半島の還附を余儀なくされて、いわゆる「臥薪嘗胆《がしんしょうたん》」の苦しみを経てきたこととて、国民の敵愾心《てきがいしん》を煽《あお》りつつ、世界最強の陸軍力を誇る旧帝政ロシアと決戦の火蓋《ひぶた》を切ったのであった。そして、明治初年の征韓論にはじまる朝鮮・満州および中国における「国外市場」の獲得は、「国内市場」の狭隘な日本資本主義にとっては、その発展のための不可避的な至上命令でもあったわけである。ただ、過ぐる「北清事変」の際の苦い経験が未だ忘れられない紡績界にとっては、しばし戸惑い気味であった。しかし戦勝の報が刻々と入り、軍需のみならず、輸出の見通しがつくにつれて、紡績業者は、これが利潤獲得の好機会であることを悟ったのであった。鐘紡は、いうまでもなく、各紡績会社においては、軍需景気を目指して、設備の増設が相次いで見られ、「操短」などは過去の夢とさえなったのであった。

武藤は、過去の経験からまず金の準備の必要を思い、三井銀行に馳けつけたがそこは意外にも冷酷な拒絶が待っており、故中上川以来の緊密な関係を想起して、一時は茫然となった。やがて武藤は、意を決して三井銀行の競争相手であった三菱の神戸支店長木村久寿弥太《くすやた》を訪ねて懇請したところ、快く六〇万円の融資を受け、感激の涙を浮かべてその好意を謝しつつ辞去したのであった。後年、三菱財閥の代表者となる木村の烱眼《けいがん》は、武藤の非凡の手腕を高く評価していたのである。かくして準備なった武藤は、戦時の好況を利用し、一挙に巨富を築くべく縦横の活躍を示した。中でも彼の得意とする多角経営は、戦中・戦後を通じて鐘紡発展の槓桿《こうかん》となった。当時、紡績界では織布兼営が採用されはじめていた。大阪紡績の山辺丈夫《たけお》は、軍用被服地製織を命ぜられ、工場を新設して力織機六八〇台を設備していたし、今後海外輸出が伸びるとすれば、それは大巾・無地であるところから大紡績による大量生産方式が有利であることは明らかであった。

明治三十七年（一九〇四）、武藤は兵庫工場に織布の試験工場を設け、福原八郎を主任として各種織機の比較試験をおこなった。その中には、後年の豊田コンツェルンの創始者豊田佐吉の自動織機もあった。これは日本最初の力織機であり、世の注目をあびていたが、実際には故障が多く、佐吉は連日機械の傍らにむしろを敷き、機械の調節に苦心した。工場幹部からは成績が上らぬと非難されもした。その時、武藤は、「イギリスはかつて百億以上の負債を背負い、不況のドン底にあったが、この打開策として機械の発明を奨励した。その結果は国運が回復した。日本は百年前のイギリスに似ている。日本もいつまで外国の機械に頼ってばかりおらず、新しい機械を発明しなければならない。それが日本を救う道ともなるのである。いま豊田の自動織機を据えつけ、このため何万円の損をしても、発明を援助したと思えば何でもない、心配するな」と激励したといわれている。かつて、国産設備にのみ頼って馬鹿をみ、舶来品一辺倒に切りかえた時の武藤からみれば一八〇度の転換である。これは戦時の好況と一流紡績に発展した鐘紡が彼に与えた自信のみではなかった。彼の体内に激流する愛国心の発露ともいうべきものであった。ともかく、これを聞いた豊田は、「一日も早くこの機械を完成し、鐘紡に与えた損害を五十倍・百倍にしてお返ししたい」といって感涙にむせんだのであった。

かくて「日露戦争」は、鐘紡に致富の機会を与え、秘密積立金だけでも一二〇万円以上に達したといわれている。さらに戦後に持続された好況の波にのって、織布兼営のみならず、ガス糸・絹糸・絹布紬糸《つむぎいと》などに進出してゆき、後年の綜合経営の基礎を確立した。かかる基礎の上に立って、一たび反動が起り不況に陥るや、操短と倒産相つぐ中で、その資本力にものをいわせ、明治四十年（一九〇七）には日本絹綿紡織を、同四十四年（一九一一）には絹糸紡績を、そして大正二年（一九一三）には朝日紡織をそれぞれ買収し、資本金一、七一三万円の巨大会社にまで成長していったのである。この間、一時的ではあるが、武藤は鐘紡から手をひいたことがあった。それは彼が後述の「鈴久の鐘紡株買占め」の係争にまき込まれたときであった。

前述のごとく、中上川の歿後、井上馨の厳命で三井関係の事業は売り払われた。しかし鐘紡は三井が大株主ということだけで事実上独立した会社であったから、井上としても直ちに手を触れることはできなかった。それどころか、井上自身が直接に兵庫工場を視察するというようなこともあったのである。しかし、古い紛争は何時までも尾を

鐘紡絹糸の懸賞広告

ひくものである。前出の「日露戦争」の際、三井銀行による鐘紡への融資拒絶はその一つの現われであったであろう。さらに今回は、井上の命令で鐘紡株売却が決定したのである。武藤はどうせ売られるなら、知り合いでもあるし、経営上のことには干渉もしない呉錦堂に買われるのが好都合と考えた。結果において、三井所有の株は呉錦堂の手に移った。そして彼は鐘紡の大株主となって、取締役に選ばれ、一躍、財界の名士となった。ところが、この「人前でも平気で手鼻をかむ」という中国人の紳士、思惑が何より好きというタイプで、たえず鐘紡株を操っては利食いをして儲けていた。ところが、ある日のこと呉錦堂は鐘紡株を売ったが、相場は何時もと違いどんどん上ってゆく。果ては持株全部を場につないでも間に合わず、仲買からは追加の証拠金を要求されるに至った。買手は当時三十歳そこそこの相場師、鈴木久五郎であった。武藤が中に立って呉は助かったものの、彼の持株は全部鈴木の手に移り、鐘紡はこの青年投機師の支配するところとなった。明治三十九年（一九〇六）夏、武藤は新たに鐘紡の支配権をえた鈴木と経営方針についての会談をもった。しかし早期増資を主張する鈴木の意見は、武藤の容《い》れるところとならず、もの別れとなった。同年末、定時株主総会で総支配人武藤山治は専務朝吹英二とともに辞職し、鈴木は株主の権利を行使し、翌四十年（一九〇七）一月、臨時株主総会を開催し、資本金五八三万三、四〇〇円を一、一六〇万六、八〇〇円に倍額増資した。また同総会で新役員が選ばれ、日比谷平左衛門が取締役会長に、高辻奈良造が専務に、山口八左右《はちぞう》が支配人にそれぞれ就任した。しかし鈴木の天下も長くは続かず、増資直後に始まった不況に株は暴落、結局、彼の持株は安田銀行の手に移り、鈴木もまた鐘紡から去った。かくて、翌明治四十一年（一九〇八）一月の定時総会で、再び武藤は鐘紡に迎えられ、専務取締役に就任した。結局、この事件は三井の鐘紡株売却に始まった資本移動の過程で起った一つの波紋であり、鐘紡が三井の庇護から完全に脱却する際の陣痛であったともいえよう。

加藤武男

さて、鐘紡に復帰した武藤は、彼の面目を遺憾なく発揮する偉業をなしとげた。それは民間会社としてはじめての外資導入をおこなったことである。これは当時、三菱の神戸支店副長であった加藤武男が、「武藤君は書生が下宿屋で考へてゐるやうなことを尖端を切つて実現せしめたのである」と評したごとく、破天荒なことであり、何事にも謙虚な武藤自身「我金融史上記録すべき一つの大きな事件と申してもよろしからふと思ひます」と述べていることによっても窺い知られるのである。

外資導入

当時全国の新聞は、いっせいにこの問題を採り上げた。明治四十一年(一九〇八)一月二十一日付の『大阪毎日新聞』は、「外資輸入の新機運」として、次の記事を掲載している。すなわち、

鐘紡の仏国外資成立以来、外資輸入の形式は新紀元を開かんとするものあるのみならず、外資輸入の趨勢をも熾《さかん》ならしめんとするものゝ如し。従来民間

に於ける外資借入れの方法は何《いず》れも物件を担保として社債を発行し、しかも之に使用品買入の特権を交付するものさへ珍からずして、其交渉に煩雑の手続を要し、之が成立を見る迄には長日月の経過を要するを例とせり。然るに過般鐘紡と仏国商工銀行との間に成立したる二百万円の外資は、其貸借方法に於て全然従来と形式を異にし、其基礎に於ても従来の如く対物件の上に貸借の成立を成したるものにあらずして、全く信用を基礎として契約せられ、両者の間に行はれたる手続を見るに、最も簡単にして単に手形の割引なるに止まれり。即ち鐘紡は仏国銀行に対して何等の担保を提供せず、只三井・三菱両銀行が仏国資本家に対して元利の支払を保証せる一片の書信を発し、之に依り仏国資本家は鐘紡当事者をして手形を発行せしめ、自ら裏書人となりて、仏国市場に売り、期限は九十日として、期限に達する毎に書換る事と為し、利子の計算に於ては、書換当時の仏国中央銀行利子に依り之に手数料を加へたるものを以て利率たらしめる事となしたるものなり。

此方法は欧洲の事業家は勿論米国の事業家等が欧洲の資本を借入れんとする際に於て行ふ手続にして、決して新規の形式にあらざるも、本邦に対しては始めて行へる所なりとす。而して此方法に依る利益は、鐘紡に於て契約の二年間に資金不用の時期あれば仏国資本家に対して少額の手数料のみを支払ひ手形の発行を中止して日歩を免るゝ事を得る事又其期限等に対しても社債の如く長期の支払計画を要せずして比較的自由なるものあり。さればこの方法を以て成立したる鐘紡の外資は内地事業家と外国資本家に対し意外なる刺戟を与えたるものゝ如く、昨今にては信用ある事業家に対し此方法に依る外資団の提供尠《すく》なからざるに至れり。殊に三井三菱の如きは欧洲財界に夙《つと》に知らるゝ所なるには相違無きも、未だ曽て実力真価を調査したるものなかりしに、今回鐘紡の保証に立つと共に仏国商工銀行の調査する所となり、其結果仏国資本家の間に於て彼等が期する能はざりし迄の実勢力に一驚を喫するに到りたるのみならず、第一、安田等の真価をも知る事となり、本邦銀行の信用俄かに数段の重きを加へたるの姿あり。従つて日本財界の事情に比較的通暁せる英国資本家は、有力なる内地銀行の保証に依り本邦事業に鐘紡と同一の方法を以て放資せんと計画するもの多く、彼の本邦鉄道の創始に際し京浜、及京阪線の敷設《ふせつ》に多額の資本を融通したるシロダの如きも、過般来其代表者を神戸に置き、右の方式を以て二—三十万円迄の小口の融通をなさんとして二—三方面に交渉せしめつつあり。又神戸在住の有力なる外国銀行代表者の曰く、鐘紡の外資が欧洲列国及欧洲・米国間に於て行はるゝ方法により成立したるは大に慶賀すべき事にして、此取引が今後発達したらんには、日本の金融逼迫若くは恐慌の暁に於て三井・三菱・安田等の有力なる銀行が聯合して欧洲に手形を売り、資金を招致し急を救ふを得べし。是等は米国の常に行へる所にして、決して望むべからざる事にあらず。之を要するに鐘紡外資の成立は、外資輸入の新機運を開きたるものゝ如し。

かくて、武藤は、鐘紡を舞台に縦横にその手腕を発揮し、経済界に不動の地位を占むるに至ったが、鐘紡もまた大きく伸長し、大正初年には、紡績四一社中の資本の半ばを占める四大紡績の一つにまで成長したのであった。ついで、大正三年(一九一四)の「第一次世界大戦」にはじまる未曽有《みぞう》の好景気に刺戟された日本資本主義の飛躍的発展と歩調をあわせ、染色加工を含む綜合経営によって、鐘紡の拡大を図るとともに、大正七年(一九一八)には「鐘紡研究所」を設立し、製品の向上と新製品の開拓に努め、遂に同年、七割にも達する高率配当を実現せしめたのである。戦後の不況と恐慌に際しては、当時大紡績の慣習となっていた「秘密積立金」を活用して、危機を乗り切るとともに、弱小紡績を買収・合併し、資本の集中を強行し、鐘紡を巨大紡績会社にまで発達せしめることに成功したのであった。

顧みるに、武藤の紡績業界における快刀乱麻を断つ活躍は、同時に全日本の紡績業界を象徴するものであった。事実その輝ける巨歩は、当時、先進国イギリスを凌駕《りょうが》し、綿業における世界制覇への途をひたすらたどりつつあった日本紡績業の発展の足どりと揆《き》を一にしたものであった。そしてこの間大正八年(一九一九)の「第一回国際労働会議」には資本家代表としてワシントンに赴き、その蘊蓄《うんちく》を傾け

後列右より、笠井重治・武藤山治・庄司乙吉・飯尾一一・福原八郎
前列右より、八木与三郎・八木幸吉・神坂静太郎・有賀松彦
(ポトマック河のグレートフォール見物の際)(大正8年1月)

て、日本産業資本の利益を遺憾なく代表して、縦横の活躍を試み、当時、後進国とみなされていた日本の国際的地位の向上に多大の貢献をなしたのであった。

しかしながら、武藤の鐘紡における活躍は、決してこの「資本の側から見た」一面だけではなく、「労働の側から見た」他面のあることを忘れてはならない。事実、武藤をして、その名を高からしめたものは、実に彼の「対職工政策」

「第1回国際労働会議」出席の武藤山治と綿業代表の一行

であった。「家族主義」と呼ばれ「温情主義」と呼ばれて、「毀誉褒貶《きよほうへん》相半ばす」ることが多かった。それが次の「労働の側から見た」一断面なのである。

七　労働の側から見た紡績業と「武藤式家族主義」

二十世紀

明治三十四年（一九〇一）は、二十世紀の第一年であるとともに、政治的にも、社会的にも記憶すべき多くの事件を勃発せしめた年であった。すなわち、同年五月には、安部磯雄・片山潜・幸徳秋水らによって、日本最初の「人民政党」たる「社会民主党」の結成並びに即日禁止があり、六月には星亨《とおる》の暗殺が、十二月には足尾鉱毒事件による田中正造の直訴《じきそ》が、それぞれ勃発し、新世紀の初頭は、暗黒の霧に包まれたかの感があった。なかんずく、「人民政党」の結成と労働運動の勃発とは、漸く発達した日本資本主義に内在する矛盾の現われとしての恐慌の頻発とともに、識者の痛心の的となりつつあった。

横山源之助著『日本之下層社会』

かかる社会情勢を反映して、農商務省工務局は、明治三十年（一八九七）二月『工場及ビ職工ニ関スル通弊一班』を刊行し、更に同三十四年（一九〇一）より三十六年（一九〇三）にわたって『職工事情』『同附録』を編纂しており、その実証的調査は、『工場監督年報』とともに、永く日本の官庁資料の白眉として記憶されるものである。また、在野の碩学横山源之助は、明治三十二年（一八九九）四月、島田三郎らの「序」を附して、『日本之下層社会』を世に問うた。それは、社会の最下層に蠢《うごめ》く貧民層に対して、始めて分析のメスを加えたもので、大正十四年（一九二五）七月刊行の細井和喜蔵著『女工哀史』とともに、下層社会研究の双璧《そうへき》として、この方面の実態を正しく伝えるものといわなければならない。

前記の諸書によって、武藤の鐘紡王国に触れる前に、明治三十年代以降の日本の紡績工場における一般的労働事情、とくに女工の状態について考察しておきたい。細井和喜蔵著『女工哀史』附録の「女工小唄」には、次のような一節がある。

親に甲斐性が無い故に　親に甲斐性はあるけれど
わたしに甲斐性が無い故に　尾のない狐に騙《だま》されて
朝は四時半に起されて
一番なつたら化粧して　二番ふいたら食堂へ
三番なつたら工場《こうば》にて　主任工務に睨《にら》まれて
部室に帰れば世設役に　色々小言をならべられ
思へばわたしの身がたゝぬ　今度給料が出たならば
門番だまして駅に行《い》て　一番列車に乗り込んで
恋しき国の両親に　このこと話してともに泣く
何の因果で綛《かせ》掛け習《なろ》た　たまに残るは骨と皮

日本紡績業が飛躍的発展を遂げつつあったとき、「縦覧謝絶」の工場の片隅では、こんな「小唄」が女工達によって寂しく口ずさまれていたのであった。

武藤山治著
『紡績業』

顧みるに、日本紡績業の国際的強味は、低賃金の女子労働者が、封建遺制の強い農村から無限に流出してくることにあったことは論を俟《ま》たないところである。武藤は、昭和三年（一九二八）刊行の自著『紡績業』（『現代産業叢書』第五巻）において、「其創業が英国に後るゝこと約百年、印度に比するも約四十年の後輩国にてありながら、比較的短日月の間に長足の進歩を遂げ、今や世界有数の紡績国として、稍や誇るに足る地位を占むるに至つた事は、確かに驚異であらねばならぬ。殊に我国に於ては英国の如く、優秀なる紡績機械が国内に於て製作される訳ではない。又米国や、印度の如く、豊富なる棉花が其領域内に生産される訳でもない。将《は》た瑞西《スイス》や米国の如く、国内到る所、比較的安い動力が潤沢に得らるゝ訳でもない。算《かぞ》へ来れば綿工業に不利益なる条件は遺憾なく備つてゐる。我綿工業が斯かる不利益なる条件の下に、右の如き長足の進歩を遂げたことは一つの問題として研究すべき価値がある」と自讃している。

彼は、その原因として「紡績業に関係したものが非常に艱難《かんなん》に出逢つた為であると言ひたい」という。つまり、不況期の財政的苦難を身にしみて経験した業者は、戦時中の「利益金の中より他日に備ふる為充分なる積立を為すことを怠らなかつた」そして「更に此積立金はそれにより事業の拡張を促し、遂に今日の如く紡績業が大なる発展を遂ぐるに至れるものと見るが至当の観察である」と述べている。だが、この「積立」は如何にして可能であったか。客観的な武藤は、それを次の点に求めている。すなわち、「今日迄我国に諸工業の興つた主なる理由は労働賃金が廉《やす》かつたことである。是我工業に於て殆ど唯一の強味であつたことは争ふべくもない。固《もと》より能率に於て劣る点があるが、それを見ても我国の労働賃金の安かつたことは事実である。蓋し戦争前（「第一次世界大戦」――引用者）に於ては、我国の労働者は労銀が安い上に労働時間も多かつた」のである。

低賃金と長時間労働、これが「我国に工業の興つた理由」であることが確認さ山田盛太郎著『日本資本主義分析』

名和統一著『日本紡績業の史的分析』

れた。かつて山田盛太郎著『日本資本主義分析』は、日本の低賃金を「印度以下的」と規定され、名和統一著『日本紡績業の史的分析』は、明治二十三年（一八九〇）六月、『連合紡績月報』第十四号によって、日印工費（労賃）の比較を試みている。それは左表にみられるごとくである。国内にあっても、他の業種に比較して、極度に低廉である。例えば、明治二十五年（一八九二）より同三十二年（一八九九）の間で女工の他の業者に対する賃金が最良の年ですら、日傭人夫・大工・鍛冶屋の三種平均賃金は一日、四〇・三銭に対し、紡績男工は二五銭、女工のそれは一五・一銭であり、それぞれ前三者平均の六二％および三七％となっている。この百分比によっても紡績業における低賃金は覆うべくもない。これに加うるに、昼夜を分たぬ長時間労働と児童の酷使とは、「労働基準法」の施行せられている最近の実情からは、想像するこ

日印工費（労賃）一ヵ月分比較

	男　工	女　工
日　本	円 4.173	円 2.043
インド	4.400 ～8.880	2.660 ～4.440

とさえ困難である。

明治四十二年(一九〇九)、桑田熊蔵は、その著『工場法と労働保険』の中で、次の如く叙述している。すなわち、

桑田熊蔵著『工場法と労働保険』

婦女幼者労働および深夜業の弊害

余は屢々《しばしば》紡績工場に就き、徹夜業の実況を目撃し、又親しく女工と語りて、彼等の状態を詳かにせり。顧《おも》ふに労働時間の延長より云へば、十二時間の労働は婦女幼者にとつては、過長に失せること固《もと》より言を俟《ま》たざるも、夜業の十二時間は、昼業に比し、其苦痛の程度は同一に論ずべきに非ず。恐らくは昼業の十七―八時間にも相当すべし。殊に深夜、人静かに、四隣闃《げき》として声なく、只器機の音のみ囂々《ごうごう》たる処にあつて、労働刻を移すに従つて覚えず睡魔に襲はれ、器械に倚《よ》つて眠るときは、忽ち監督者の呵責《かしやく》に遭ひ、已《や》むなく再たび目を拭うて業を執り、終《つい》に堪ゆ可らざるに及んでは打綿室に入りて、堆積《たいせき》せる綿の中にて睡を貪《むさぼ》る者あるに至る。翌朝業を終へ寄宿舎に帰りて褥《じょく》

に就くも、四囲喧騒なる為め、到底熟眠すること能はず。斯くて午前中を経過し、正午の頃に起きて午餐を喫し、其より衣服等の始末をなし、薄暮再たび工場に入りて、夜業をなすこと丶なる。睡眠の不足は、是くの如くして旬日に渉《わた》る。其衛生上の害悪は之を推知するに難からざるべし。試みに早朝工場に赴き、夜業を終つて工場を出る所の女工を見ば、顔容蒼白、形容枯槁《ここう》ならざる者は殆ど之なし。殊に幼者に至つては、更らに一層の甚しきを加へ、観る者をして覚えず顔を蔽はしむるなり。

恐るべき深夜業の弊害である。武藤は、そのヒューマニズムの立場からも、この弊害を認むることには決して吝《やぶさ》かではなかった。しかし、大正八年(一九一九)十月ワシントンで開催された「第一回国際労働会議」に雇主側代表として出席した武藤は、一個のヒューマニストであるよりも、より強靱《きょうじん》な産業資本家であった。

第一回国際労働会議

すなわち、「この徹夜業の好ましくないことは何人も異論のないところであるが……突如としてこれを禁じられることになつては、産業界の秩序を乱す」という理由で、日本の紡績業界の総意を代表して、「即時深夜業禁止案」に反対し、結局各国がこれを採択したにも拘わらず、日本に限り例外を認めることとなった。その結果、紡績業における深夜業は、昭和四年(一九二九)まで継続することとなった。

　しかし、ここに附言しなければならないことは、武藤が、決して空想的ヒューマニストでもなく、また脆弱な自由主義者でもなかったことである、いわば武藤は、恩師福沢の遺訓である自由主義の「実学」化を身をもって実践した先駆的産業資本家であった。このことは、彼が旧態依然たる紡績業界に対して、米国で体得した独自の企業家精神を「日本的」企業の風土の中に強引に移植し、遂に鐘紡王国の建設に成功したその経営者的手腕によって実証せられるのである。

　では、かかる苛酷な労働に服さねばならなかった女工達は、どのようにして集められたであろうか。前記の桑田熊蔵著『工場法と労働保険』によれば、それは

女工募集人紹介業者

次のごとくである。すなわち、

仮りに大阪に於て、新たに紡績工場の設立あり、而して数千の労働者、殊に女工の募集するの必要ありとせんに、是等の婦女を傭入るゝが為に、或は募集人を地方に派遣し、或は地方にて女工募集を営業とせる紹介業者に之を委嘱するなり。是等の募集人や紹介者は、農民の子女に向つて、大阪に於ける生活の快味を説き、工場の労働は時間には制限あり、且毎週一日の休暇日あり、而して工場より一切の衣服・食物・住居を供し、尚ほ相当の賃銀を与ふるを以て、実に大阪の見物をなすに此上もなき次第なり。而して契約満期の際には、其積立てたる賃金を受取り、帰国するときは嫁入支度は云ふまでもなし、一生安楽なる生活をなすことを得ん。又旅費は一切工場より支給せられ、敢て之を返還せずと。是の如く甘言を以て、田舎の女子の心を蕩《たぶら》かし、彼等を誘ふなり。女子の父兄たる者にして与《とも》に欺かるゝこともあり、或は其前途を気遣ひて之を阻止する者あらば、募集人は女子を逃亡せしめて工場に引入るゝなり。

かくて、農村の少女らは募集人や紹介業者の甘言に欺《あざむ》かれて、いわゆる「籠の鳥」となるのである。この表現は決して誇張ではない。明治三十六年(一九〇三)刊行の官庁報告書である『綿糸紡績職工事情』は次のごとく報じている。すなわち、

『綿糸紡績職工事情』

此募集方法によつて傭入れたる工女が工場に入つて工場生活をなすや、各種事情は全く予期する所の如くならず、其疾苦堪ゆ可らざるものあるに及んで始めて紹介人の欺瞞《ぎまん》を覚り、之を以て工場主に訴ふるも之を顧みず、紹介人に迫らんとするも彼等已《すで》に郷里に帰れり。親戚の頼るべき者なく故旧《こきゅう》の与《とも》に語るべき者なし。断然意を決して工場を辞し去らんとするも旅費の出所なく又会社は其逃亡を防がんため諸般の手段を講ぜり。例へば入場後数ヶ月間は休日と雖も外出を許さず、賃金支払日の前日位に外出せしめ、又は止むを得

ず外出せしむる場合には附添人を附し、又賃金支払後数日間は特に寄宿舎の周囲に見張人を巡回せしむるの類なり。於《ここにおいてか》レ是乎意志の弱き者は涙を呑んで契約期間は工場に止まることとなり、稍《や》や強硬なる者は逃亡を企つるに至るなり。逃亡の方法は多くは休日外出の儘逃亡するものなれど、中には夜間墻《しょう》壁《へき》を超へ脱走する者あり。然れ共是等は見張人のため捕へられ懲罰を受くる者多し。

そして、その懲罰には「散々殴打せる後之を赤裸にし、肩に逃亡女工と記せる旗を立て、工場内を引廻すなり」といった野蛮な方法がとられたのであった。にも拘らず、女工の出入りは激しく、彼自身紡績業者の一人である阿部房次郎をして、「普通紡績会社で契約するのが三年の年期でありますが、実際契約通りに三年間勤める者は百人中二十五人か三十人で、大抵は一年で出るか半年で出るか甚だしいのは直ちに去つて仕舞ふので御座ゐます。……勿論会社に依つて事情も違ひますけれども、概数で申すと日本の工女なるものは先づ九ヶ月位で一と交替するものと見て宜しい」と語っている。だからこそ、その短い期間内に、最大限の能率を上げてもらわなければ、会社は利益とならないのである。早々に工場を去った者は幸いであった。なまじ会社に義理を立て、「無理な規則と思へども、規則で立てたこの会社、規則破れば罪となる」と年期まで勤めた女工は「さながら幽霊のように蒼《あお》白く、かつ痩せ衰へて、ヒョッコリ帰つて来る。彼女が出発するときは、顔色も赫《あか》らかな健康そうな娘だつたが、わずか三年の間に、見る影もなく変り果てた」姿で両親を驚愕させるのである。もちろん、このような野蛮な時代はやがて去り、待遇は徐々に改善されたのであった。しかし、紡績工場における女工虐待の歴史は永く続くのである。大正十四年(一九二五)初版の細井和喜蔵著『女工哀史』は、この惨状をかく伝えて余《よ》蘊《うん》がないのである。かかる日本紡績業の暗黒面は、ただに日本資本主義成立期の特殊現象たるに止まらず、日本資本主義社会の固有の性格でもあったのである。

鐘紡の実状（家族主義・温情主義）

しかしながら、武藤山治に代表される鐘淵紡績会社は、その「家族主義」と「温情主義」とに基づく従業員の優遇で有名であったことは一般に認められているところで、かの『女工哀史』の著者細井和喜蔵によってすら、鐘紡賞讃の言葉が随所に散見するほどである。まことに、武藤はこの苛酷な法則の許す限界まで個人の良心を貫徹した稀有《けう》の経営者であった。近代的合理主義者として、またヒューマニストとして立ち現われる限り、彼には、女工を踏《ふ》んだり、蹴《け》ったりするような、当時の一部紡績工場に見られた非人間的な行為は、到底許すことは出来なかった。彼が、女工を「女工さん」と呼んだそのヒューマニズムは、一部の悪意の批評家の放った「温情主義の欺瞞性と偽善的性格」などというもので律し得るものではなかった。武藤が、非業《ひごう》の死を遂げたのち、当時の時局の重圧に苦悩していた急進的な劇作家久板栄二郎は、次のごとく率直な評価を加えている。

時代の典型となるような一ブルジョアを丸彫りに描こうとその時決意したのであります。私は我国の財界・実業界の巨頭と言われるような幾人かの人物を次々と研究しました。しかし、いずれも慾の皮の突っ張った人間性喪失の型どおりなブルジョアばかりで、文学的素材としては興味がもてなかったのでありますが、偶々《たまたま》武藤山治氏のプロフィルを描いた文章に触れて、その複雑な性格と豊かな人間性に私は非常に興味を惹かれたのであります。武藤という人は、鐘紡の育ての親であり、鐘紡的家族主義・温情主義の実現者で、当時においても既に世間からは温情主義の欺瞞性と偽善的性格を指摘されていたのでありますが、私は、色々この人を研究してみまして、本人の主観としてはそういう意識はなく、全く本心から大真面目にやっていた事が、客観的には「資本主義の機構の中では温情による作業員の優遇が、かえって能率を上げ余剰価値を生む」という結果を生んでいるのだということが分り、そこに大きな興味を覚えたのでありました。

久板栄次郎作「北東の風」「千万人と雖も我行かん」

彼はその武藤のもつ人間性に傾倒して、戯曲「北東の風」「千万人と雖も我行かん」の二つの作品を感激をこめて執筆したのであった。事実、『武藤山治氏追悼号』に収めるために開催された「創業の苦心」と題する「座談会」で、岩崎氏言は、次のごとく追憶しているのである。

岩崎氏言の追憶

私は職工係りを仰付つてから、よく接近した。その時分に岬《みさき》に吊橋があつて、武藤さんが橋の所まで車でおいでになると、向ふに小さい女の子が、跣足《はだし》になつて下

「千万人と雖も我行かん」第二幕（新協劇団所演）

駄下げてゆきよる。「ちよつと待て」といふて、車を降りてな、「お前紡績へ行くのやな」「はア」可愛い小さな子ぢやつたさうで、「お前これに乗つてゆけ」御自身車から降りてな、その下駄は鼻緒が切れたんや、車屋にこれ紡績へ連れて行けと言つて、奥さんの毎日なさる辨当折にちやんと入れてあるあの辨当を、それを小脇に抱へて、あとから平常通り会社へやつて来られた。明けの日、僕が職工係りやから、その子のお父《とう》が礼に来たんや。「昨日は社長さんが車に家《うち》の娘《こ》を乗せて戴きまして、まことに御勿体ないことといたしました。どうぞよろしく」と言ふて、名前はせんど迄覚えて居つたが……それで武藤さんに、さういふことがありましたかと聞くと、「うん、あれは君、かあいそうだつたからな、僕は歩いた」「いま礼に来ました」「さうか」といふて笑らうて居られた。温情の発露はそこらにあることぢやらうと思ふ。明治三十二三、年頃でせう。

武藤のこうした部下、とくに弱者に対する温情は、その全生涯を通じて枚挙《まいきよ》するに遑《いとま》ないほどで、しかもそれは、有竹修二著『武藤山治』のいう「天心爛漫、不作為のまごころの発露」であった。

武藤が、鐘紡の「工場経営」において採用した最も特徴的なものは「明治維新」以来、終戦の日に至るまで、近代日本の国民的規範でもあった「家族主義」の採用であり、しかも、それは、特に「労務管理」の面でいみじくも成功したものであった。以下この点を彼の遺《のこ》した多くの著述に従って検証することとしたい。

有竹修二著『武藤山治』

武藤が女工をどなりつけても効果の上るものでないことを知ったのは、鐘紡入社早々のことであった。当時、鐘紡の工場でだす屑糸は摂津紡のそれを三倍も上まわり、月三千円も損をすることを知った武藤は、監督者に厳しく注意した。監督が女工に小言をいい出したことは当然である。翌日に効果はたちまち現われて、屑糸は非常に減り武藤を喜ばせた。だが減った屑糸は女工の便所に山積していた。

武藤山治著『実業読本』

文句をいわれるのがいやさに屑糸をこっそり、そんなところに捨てる女工のいじらしさを武藤は身にしみて知ったのである。このことから、彼は「工場経営は修繕費を惜しまず機械の保全を完全にすることと、之を扱ふ男女工を優遇し教育を施し、自然に進んでよく働くやうにする」ことが工場経営の極意であると悟ったのである。大正九年（一九二〇）刊行のその著書『実業読本』において、武藤は「店の主人や工場主等は、店員や従業員を他人の子供を預つて居ると思つて、家族同様に何処までも親身《しんみ》の世話をせねばならぬ。かくすれば、自然と使はれる者と使ふ者との間に一種の情愛が出来て、仕事の成績も自然良好となり、これが為めに要する費用は損失とはならぬのである」と家族主義の利益を説いているのである。「下意上達」による労資の融合、これが武藤の信条であった。

　福利施設は、明治三十五年（一九〇二）の乳児保育所にはじまり、同四十年（一九〇七）までに実に三九件の多きに達し、内外から、そのために苦情がでるほどであったといわれている。武藤の温情主義的経営の内容は、彼が社長に就任した大正十年（一九二一）刊行の『鐘淵紡績株式会社従業員待遇法』に集約せられている。この出版物は、彼が大正八年（一九一九）の「第一回労働会議」に臨んだ際、日本における「温情主義」なるものを世界に知らせるため、各国代表に配布した英文パンフレット"The Kanegafuchi Spinning Company Limited, Its Constitution, How it cares for its Employees and Workers" のもとをなすものであり、後年、それを印刷出版したものである。これには一三項目にわたって、彼の採用した職工優遇設備が記載されているが、うち主なものについてみよう。

鐘紡共済組合

　まず第一に「鐘紡共済組合」がある。これは彼の入手した「あるドイツの雑誌に収録されていたドイツのクルップ製鋼会社の職工に関する施設についての報告にヒントをえたものである」といっているが、明治三十八年（一九〇五）五月、定款《ていかん》を設けて「鐘紡共済組合」を設立した。この共済組合は、「我国に於ける相互扶助制度を民間会社で実行した始まり」であり、その後、各会社がこれにならうに至った。かくて、大正十五年(一九二六)、「健康保健法」が制定されるまで、この組合の果した役割は想像以上に大きなものがあった。

第二に、「注意箱」の設置と雑誌の発行である。これはアメリカのナショナル＝キャッシュ＝レジスター会社でおこない、上下の意志疎通に大きな効果を収めていることを雑誌で読んだ結果、武藤がとり入れたものである。投書箱のはしりである。しかしこれが活用されるようになるまでには、武藤は大分骨を折ったようで、若し下

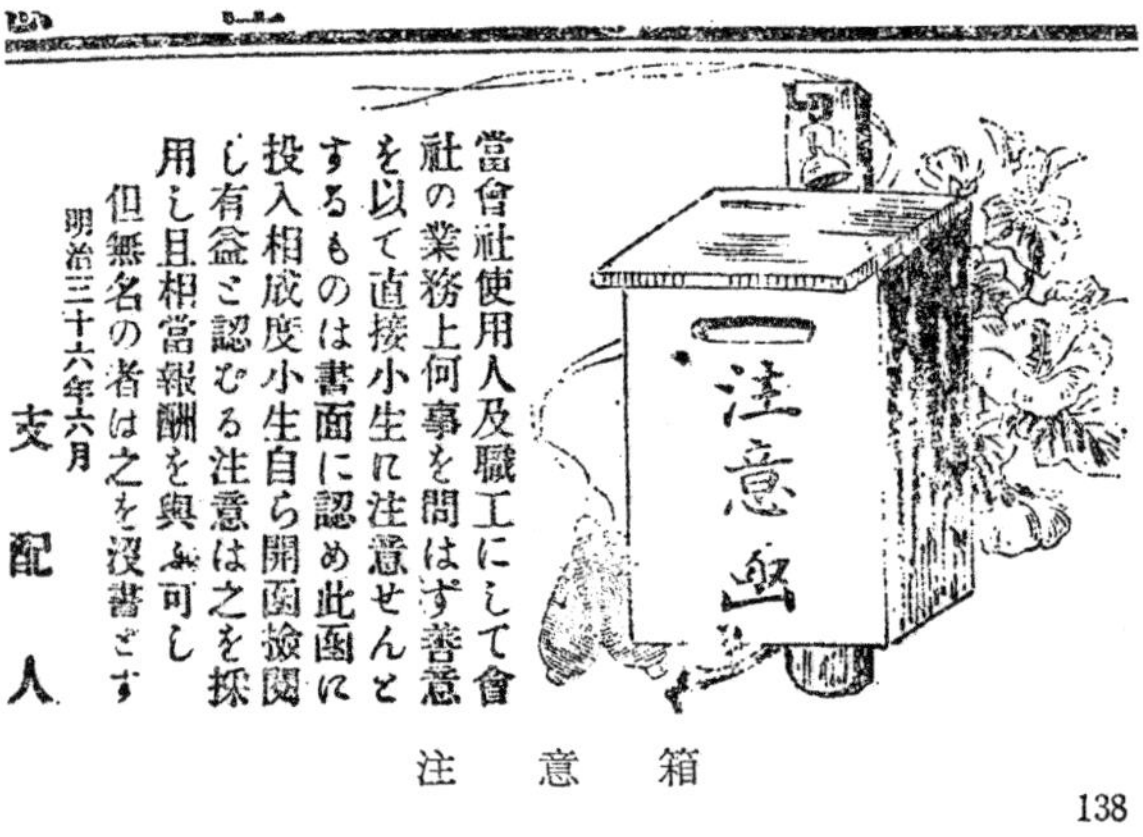
當會社使用人及職工にして會社の業務上何事を問はず善意を以て直接小生に注意せんとするものは書面に認め此函に投入相成度小生自ら開函捡閲し有益と認むる注意は之を採用し且相當報酬を與ふ可し
但無名の者は之を沒書とす
明治三十六年六月
支配人
注意函

注意箱

の者の投書に対して上役が文句をいったり、嫌な顔でもすれば直ちに地位を問わず、解雇処分にするなどと文書で布達しなければならなかったという。この結果、福祉増進にも益したかもしれないが、それより生産性の向上に寄与するところが甚だ大きかったことは、会社で収録した投書の内容からうかがうことができる。

雑誌は『鐘紡の汽笛』および『女子の友』という二誌が発行された。そのほか、年金制度、貯金及び送金、慰安娯楽設備、衣食住に関する施設、教育施設、はては「鐘紡同志会」なる「外国ニ於ケル労働組合トハ全然其性質ヲ異ニスル」「一朝有事ノ時ニ際シテハ無謀ナル株主ノ要求ニ対シテハ極力之ニ対抗シテ自他幸福ノ破壊ヲ防遏《ぼうあつ》セントスル目的」の組合設置にまで及んでいる。

以上の例から知るところは、武藤の「温情主義」なるものは一部「日本とは異なる」欧米の当時の経営方式を導入したものであり、その労働力保持および階級対立の緩和の諸手段が、武藤自身によって「温情主義」と名づけられたのである。

この点は「私は大正八年アメリカへ行った時、アメリカの労働者が、全国の工場主に向つて奨励して居るのは、正に温情主義の経営法であつて、それが為め労働者は、米国中の工場で職工に対する新たな設備を為すものには一々写真を撮つて詳細に説明を附し、これを印刷し、幾万部となく全国工場主及世間に頒布するのを見た」という、彼の言葉に徴しても明らかであろう。

現在の資本主義社会においては、どこでもみかける程度の福祉施設すら「温情」と思われるほどの待遇が当時の一般的状態であった秋《とき》、武藤が、先進国において、当時すでに始められていた新しい経営方式を率先導入したところに、その意義と先見の明とが認められるであろう。事実、武藤は、前記の「第一回国際労働会議」において、この職工優遇法を世界共通の労働立法に加えて、各国雇主にこれを実行せしむべし、と提案して憚《はばか》らなかったのであった。

かくて、鐘紡はその職工優遇という点では模範的な工場となり、女学校までも備えて「女工の天国」と評されるに至ったのであった。この乙女の楽園を、かつて野中雅士著『鐘紡の解剖』は、次ぎのごとく美しく歌い上げたのである。すなわち、

野中雅士著『鐘紡の解剖』

塵一つ落ちていない、綺麗な畳にまばゆいやうな電燈がついいて、思ひ思ひに挿花や、飾物で美しく女らしく飾られた室から出て、工場に行き同僚と共に力の限り働き、温泉のやうな設備の整つた浴場に一風呂浴びて、自分の室に帰り、更《ふ》け行く春の夜に友と語《かた》ひ、各地方々のお国自慢に打ち興ずるのは、女学生たちの寄宿舎生活と何の変りもない。無論うら若い娘達同志のことである。時には父母を恋しがつたり、時には故郷懐しさのため、不覚の涙落る時もあらう。しかし日々働きの報酬が積り積つて老父母を養ひの費となり、又は嫁入仕度が自分で出来るといふ楽しみは、我が女工たちのみに許された る最も美しい特権である。

いささか過賞の識《そし》りもある記述ではあるが、当時の一般紡績工場の宿舎に比較して、鐘紡のそれが抜群のものであり、しかも武藤の優遇法は着々と進歩していったことは十分認めなければならない。かの『女工哀史』の著者細井和喜蔵ですら、「工場の敷地内は欝蒼たる森林の如くであつて、樹蔭にベンチを据へたり、休憩の度びに廊下へ持つて行つておしやべりの類（マヽ）を敷き、寝たり転んだり起きたり、自由気儘にして疲労を恢復せしめるやうにしている工場は、流石《さすが》に斯界の大立物たる鐘紡にのみ見ることが出来る」と、その設備に感嘆しているのである。

しかし、武藤の善意から出発した、職工のための優遇設備も、時には労働者の上に逆《さか》さまな現象として投影されることもまた事実であった。たとえば、鐘紡が「生計上ノ苦痛ヲ緩和スル一方法」としておこなった「日用品分配所」について、細井和喜蔵は、「それが『金券』と呼ばれる会社発行の兌換券《だかんけん》による限り、『与えた給料は直ちに元へ回収して了はふとする』会社の政策であり、これを『福利増進施設』だと参拝九拝し喜びきつてゐる大勢の奴隷が憎い」とまで攻撃している。そして「そりや品物によつては市価より幾分廉《やす》いこともあるが、併《しか》し乍ら高い場合もあるから、単に打算的に考へても別段売店などは有難くないのに、況んや、『これが紡績職工の買物する場所だ』と定められた圏内に入ることを、誰が人間としてこゝろよしとせう。我れ等は堂々と天下通用の正貨を以て、高くとも廉くとも市価を以て、三越へでも大丸へでも、又は場末の八百屋へでも買物に行き度い。……労働者の自治的精神による消費組合でなかつたら、資本家の政策的手段では労働者解放運動の意義を為さない許《ばか》りか、かへつて邪魔にさへなるのである」と断言している。もちろんこれが当時の労働者のすべての気持を代表しているとはいえない。しかしながら、自ら紡績職工として、「温情主義」の実体を経験した細井のこの批判は、武藤の親心を知らぬ、ひねくれ者の言葉として簡単に一蹴し去るべきものではなく、むしろ当時の日本における資本家の側からの温情の限界を示すものとして再検討される必要があるのではなかろうか。しかのみならず、「鐘紡では不注意から生じた過失が、たとへどんなに大きかつた処でそれは簡単にお詫びすればすむが、苟《いや》しくも女工に対してその待遇上間違ひがあつたらば、それは最も厳重な責を負はねばならぬやうな不文律がある」といわれている。監督者の女工取扱いが適正でなければならぬとする武藤の信条が社風に結晶したのである。甚だ美しい社風である。だが、この弱きものに対する保護は工場経営のすべてにわたって貫かれたであろうか。『女工哀史』に記載された鐘紡の「賞与」は次の如くである。

一等担任	四百円以上七百円以下
二等担任	三百円以上五百円以下
三等担任	三百円以上四百円以下
四等担任	二百円以上三百円以下

主席工	百円以上二百円以下
主席工助手	八十円以上百五十円以下
優等工	五十円以上百円以下
準優等工	二十円以上五十円以下
平工	五円以上二十円以下

下は五円より上は七百円におよぶ格差である。しかも、従業員の圧倒的部分は五円より二〇円までの賞与に甘んずる「平工」であった。かかる「待遇」に対し、職工達が、かの「注意箱」によって下意を上達せしめえたか否かは知らない。しかし、このような給与体系が「同盟罷工せんにも多数職工は無力にして、Foreman（職長）は組せざるが故に不能である」という条件をつくり出すこととなったことも事実である。しかも、それは少なくとも昭和五年（一九三〇）までの状態であった。

かくて、「温情主義者」としての武藤と「営利会社社長」としての武藤との矛盾がみいだされることもまた否定し得ないのである。個人の意志を越えた経済的法則に律せられる資本と労働との分裂は、彼の主観においては矛盾することなく併存しえたのであり、かつ彼もまたかく信じて疑わなかったのである。だから一たび、第三者の立場からの批判には彼一流の主観的方法で答えるのである。その一例は、かの河上肇《はじめ》との「論争」である。すなわち、大正九年（一九二〇）の秋ごろ、当時河上肇が自分の個人雑誌『社会問題研究』において、武藤の「温情主義」を批判したことに端を発する。もちろん武藤が河上に対し、反論を展開している訳ではないから論争とはいいえないものであるが、その概要は次の如きものである。

河上は、当時、イギリスの空想的社会主義者ロバート＝オーエンの研究をおこなっていたが、オーエンが一八〇六年の恐慌に際し、四ヵ月の休業をしながら、一人も解雇せず、賃金全額を支払ったという事実を示したのち、「一両年前まで温情主義を以て日本独得の国宝だとまで唱えた人が、一旦財界の恐慌に逢ふや、倉《そう》皇《こう》として操業短縮と賃銀切下げの策を講じたることを見出し、稍々笑止《しょうし》の感を催しつゝある者である」とし温情主義は日本独得の美風でも何でもない点を明らかにした。勿論、「論争」の過程には、河上の武藤に対する揶揄《やゆ》(ひやかし)もあった。武藤は当時、雑誌『ダイヤモンド』に「吾国労働問題解決法」という一文を書いたが、その中で、「吾国資本家の如き、中には強慾非道、且其成功手段悪辣《あくらつ》なるものあれど、大部分の金持は西洋と違ひ、全く与《く》みし易きもの丶みにして、諸君は学者・論客の言を信じ、真正面に之を敵視するのは甚だ不利なり、宜しく是れと協調して諸君の目的を達するを可とす。……殊に日本の資本家は、西洋と違ひ、家を愛し、諸君の中にも随分主人に見出さる丶か、又は美男子なれば家付の娘に懸想《けそう》され、他人の身代《しんだい》を易々と受取りて、急に主人となるのも尠《すくな》からず」と答えている。これに対し、河上は、そうなるためには「諸君が資本家と協調し、その『家付の娘に懸想』され、『他人の身代を易々と受取つて急に主人となる』ためには、実は『美男子』たることを要件とするのだから、諸君は労働問題に対する態度を決定する前に、一応は鏡に向つて自分の顔を検査されなければならぬのである」と揶揄《やゆ》している。そして、年五分の利子配当に甘んじたニュウ＝ラナークの紡績工場と七割に達する配当金の「温情主義の鼓吹者《こすいしゃ》武藤山治君が其の専務取締役なる」鐘紡を対比せしめ、それが「余り廉価な温情主義ではなかつた」ことを指摘したのである。

武藤は河上に書簡を送り、「貴下が『社会問題研究』中小生に対し為さるゝが如き批判の方法は果して貴下の品格を害せざる哉」、「小生に対する批評は故意に小生の名誉を毀損する目的を以て為されたるものにあらずや」と反問し、使用人への賞与は経費の中より支出されているため決算書には明記されていないが、その額は重役賞与の六―七倍は下らず、しかも株主には無配当・重役無賞与の時も使用人職工には多少なりとも賞与を出している。これらの点についての意見を聞きたいというのである。そしてさらに、「小生は株式会社の番頭に有レ之候間、小生をオウエンと比較して批評せらるゝは当を得ずと存候。若し小生にして貴下の称讃を博せんと欲せば、小生は吾社を破産せしめざるべからず、斯《かく》の如きは小生の位置の許さゞる処に候」と書き送ったのであった。

河上は、これに対して、病気を理由に返答を後らせて、さんざん武藤をじらせ、最後に、彼の武藤批評の方法は下品であった。「既に下品なことをしたのだから、それは当然私の品格を害する訳だ」としてその非を認めたが、しかし、「それは武藤氏に直接の損害を及ぼさぬ筈のことだから、その点では同氏に対し別に御詫び申す必要はない」と頑強に拒絶し、ついで、会社破産云々については、「オウエンを以て武藤氏自身に律する積りはない」とし、「オウエンが重役をしていた会社では数千の職工を数ヶ月も遊ばして置いて、賃銀の全額を与へたり、又其株主は僅かに年五分の配当に甘んじ、其の他の収益は総て職工の利益の為めに使用することを承諾したりしてゐるが、日本では、そんな事は到底六ヶしからうと思つたからである。しかも温情主義は日本の『国宝』であつて、日本の資本家は西洋の資本家と違ひ温情主義を以て其の信条としてゐる！　そんな不可解なことがあるものか。是れ私が武藤氏の言説に対し短評を加へた所以《ゆえん》である」と自説を固持しつつその論争を打きってしまったのであった。

河上が問題としたのは「オウエンと武藤氏とでは無くて、西洋の資本家と日本の資本家」との比較であったのであるが、それが武藤には一身上の問題として理解されたところに混乱が生じたのであった。当時、河上は既にマルクス主義経済学者として脱皮しつつあったが、武藤の抱いた「主観」あるいは「善意」は、十分に認めていたはずである。しかも、それを超えた資本の意図によって律せられる不可避性が、いわゆる「温情主義」のヴェールによって隠蔽せられていることに、マルクス主義者として冷厳な分析のメスを加えんとしたのであろう。

これに反して、武藤の立場を終始理解し、支持したのは、経済学者福田徳三であった。それは「鐘紡共済組合」の設立に先立ち、その範をドイツのクルップ製鋼会社の職工に関する施設にとった時以来、武藤は、福田に師事していたが、日本の資本家が極度の不評判の時も、福田は、武藤だけは、泥沼に咲いた白蓮《びゃくれん》にも比すべきものとして、常に賞讃の辞を送ることを忘れなかったのであった。

しかしながら、武藤自らも、自己の立場と、その限界は十分心得えていたと思われる。最大限利潤を追及せんとする資本固有の意図を認め、しかもその許容する限り、労働者のために役に立つようなことをやってやりたい、そして、少しでも職工に気持よく働いてもらいたいというのが武藤のいつわらぬ意図であった。それはまた労働者の基本的人権の確認であって、まさに近代経営学の先駆である。ともまれ武藤の経営法の極意は成功をおさめたことは鐘紡の急速なる発展よりみて、何人も疑うことはできない。だが武藤は一会社の社長として成功するだけで

前列右より野崎広太・津田信吾・藤正純・武藤山治・長尾良吉・室田義文
後列右より中上川三郎治・城戸季吉・多和田督太郎・山口八左右・清岡邦之助・橋爪捨三郎・名取和作・前山久吉

記念写真（昭和5年1月）

満足できなかった。武藤の情熱は彼を駆りたてて政治活動へと進出させたのであった。数年にわたり、鐘紡に身をおいたまま衆議院議員として活動を続けた末、昭和五年（一九三〇）一月、鐘紡社長を正式に辞任した。鐘紡入社以来、実に三十四年にわたる永い工場経営であった。会社は彼の労をねぎらい、当時前例をみないほど高額の退職手当三〇

鐘紡社長退職

〇万円を与えたのであった。

しかし、彼の退職後まもない同年四月、従業員の給料四割減を断行し、他方で三割五分(大正七年(一九一八)〜同十二年(一九二三)には七割の高配当を実施した)におよぶ高率の配当を実施した時、「いわゆる温情主義のもとに……かつて組織らしいものをもたなかった」全鐘紡三六工場の従業員は一せいに立上り、嘆願形式をもって減給案の撤回を懇願して、はじめて温情主義に微温ながら反旗をひるがえしたのである。会社側は、「他社に比較するも待遇は劣悪ならず」と声明してこの懇願を拒否した。大阪の二大新聞も、激しく会社側の不当を難詰している。かくて争議の火蓋は、淀川工場従業員によって切られ、直ちに全国工場に波及した。かくて二ヵ月にわたる争議の過程で、会社側の弾圧にもかかわらず、紡織労働組合鐘紡支部の結成をみるに至り、一時は比較的有利な闘争をおこない、かなりの成果を収めはしたものの、最後は内部分裂と会社側のきりくずし策に乗ぜられ、かつ支援の外部団体（総連合対総同盟）の不統一から、もろくも惨敗し、獲得した争議の成果はほとんど奪いかえされてしまったのである。

この「鐘紡争議」は、武藤の前後三十七年の長期に亘る「温情主義」「家族主義」の牙城であった「鐘紡王国」の崩壊であったというも過言ではないであろう。しかも、この大争議の勃発は、武藤が、自ら制定した「定款」に基づいて退任して僅かに三ヵ月を経たに過ぎない時期であったことは、鐘紡の「温情主義」には武藤の個人的魅力が多く、彼の温和な人格が大きくものをいっていたことが指摘されるであろう。これは、武藤の退任時における全従業員の留任運動の発生が実証している。従って、一個人としての武藤の去就《きょしゅう》は、労働者をして「温情主義」そのものを再考せしめる契機となったという見解もまた成立するのである。

顧みるに、鐘紡は「ここばかりは如何なる労働組合運動者も手がつけられぬ」とまで嘆かしめた温情王国であったが、その創設の恩人武藤は、この減給問題も「政府が急激なる旧平価解禁を行ひ、産業合理化を奨励した結果である」とし、「私は科学文明の進歩と共に益々社会組織の間に温情の徹底を期することが必要である」と断言して憚らなかった。しかし、時流の方向は彼の理想とは真正面から背反し、準戦体制への移行は、やがて彼が心血を注いで育成した日本紡績業をその重圧に屈服せしめることとなるのである。

第六　政界時代の武藤山治

一　「実業同志会」の結成

「自由民権」による開眼

武藤山治の父佐久間国三郎は、夙《つと》に福沢諭吉の著作によって「自由主義」および「民主主義」の開眼《かいげん》を受け、進んで明治七年（一八七四）に始まる「自由民権」「国会開設」の運動に積極的に参加するに至ったことは、すでに触れたところである。この父よりの直接的感化が、武藤をして、当時、特に政治的雰囲気の強かった福沢の「慶応義塾」に入学せしめた主要な動機であったし、後年「実業同志会」の結成を通じて、政界の浄化に挺身するに至った根本的原因でもあったのである。

顧みるに、「明治維新」の変革が、純粋の「市民革命」ではなく、むしろ「絶対主義」的改革に終ったことが、明治前半期の政治史をして、不断に、「絶対主義」対「自由主義」、「専制主義」対「民主主義」の対立と抗争とを反復・再現せしめたのであった。しかし日本における最初の「ブルジョア民主主義」運動としての「自由民権」運動も、遂に明治藩閥政府の弾圧の下に壊滅を余儀なくせしめられ、かくて明治二十二年（一八八九）の「欽定《きんてい》憲法」の発布と翌二十三年（一八九〇）の「帝国議会」の開設となり、永く日本をしてプロシア型の「絶対王政」の専制君主国たらしめたのであった。

かかる特殊の政治機構は、正常な「自由主義」「民主主義」を標榜して、「絶対主義」「専制主義」の打倒に向うべき「ブルジョア政党」をして、逸早くその内部における急進的分子を放逐して、当面の仇敵と妥協せしめるに至った。そして、この急進的分子は、早熟的に社会主義者となり、無政府主義者となったのであった。この典型は、明治三十三年（一九〇〇）の旧「自由党」の流れに立つ「憲政党」を解党して「立憲政友会」を設立し、しかもその総裁には、「藩閥専制」の代表者伊藤博文を推戴した適例がある。旧「自由党」員の末裔たる幸徳秋水が、悲憤の涙を押えて「自由党を祭るの文」を起草したのは、この秋《とき》である。すなわち、

幸徳秋水「自由党を祭るの文」

歳は庚子《こうし》に在り、八月某夜、金風淅瀝《せつれき》として露白く天高きの時、一星忽焉《こつえん》として墜《お》ちて声あり。嗚呼、自由党は死す矣。而して其光栄ある歴史は全く抹殺されぬ。嗚呼、自由党の事、吾人之を言ふに忍びんや。想ふに二十余年前、専制抑圧の惨毒滔々《とうとう》四海に横流し、維新中興の宏謨《こうぼ》は正に大頓挫を来すの時に方《あた》りて、祖宗在天の霊は赫《かく》として汝自由党を大地に下して、其呱々《ここ》の声を揚げ、其円々の光を放たしめたりき。而して汝の父母は実に乾坤《けんこん》に磅礴《ほうはく》せる自由平等の正気なりき。実に世界を振盪《しんたう》せる文明進歩の大潮流なりき。是を以て汝自由党が自由平等の為めに戦ひ、文明進歩の為め闘ふや、義を見て進み正を蹈《ふん》で懼《おそ》れず、千挫屈せず百折撓《たゆ》まず、凜乎《りんこ》たる意気精神、真に秋霜烈《しゅうそうれつ》

日《じっ》の慨《がい》ありき。而して今安《いっ》くに在る哉《や》。（中略）

汝自由党は此如くにして堂々たる丈夫となれり。幾多志士仁人の五臓を絞れる熱涙と鮮血とは、実に汝自由党の糧食なりき。殿堂なりき。歴史なりき。嗚呼《ああ》……其熱涙鮮血を濺《そそ》げる志士仁人は、汝自由党の前途の光栄洋々たるを想望して、従容笑《しょうようえみ》を含んで其死に就《つ》けり。当時誰か思はん、彼等死して、即ち自由党の死せんとは。彼等の熱涙鮮血が、他日其仇敵たる専制主義者の唯一の装飾に供せられんとは。（下略）

彼は悲憤の涙に咽《むせ》びつつ「汝自由党、若し霊あらば髣髴乎《ほうふっこ》として来り饗《う》けよ」と叫んで、その「弔辞」としたのであった。

かくて、日本における「ブルジョア民主主義」運動の中心をなした「自由民権」の伝統と矜持《きょうじ》とは、永久に喪失せられ、その保守性と反動性とを暴露して、「専制主義者の唯一の装飾」にさえなるに至った。しかのみならず「第一次世界大戦」

後のデモクラシーの運動も、政治的に結実することなく、いよいよ「ブルジョア政党」は腐敗と堕落との泥沼に落ちていったのであった。かかる現状を座視するに忍びず、実業家の立場より、これが改革の狼火《のろし》を掲げたのが、とりもなおさず、武藤山治であり、その政党が「実業同志会」であったのである。

実業同志会

武藤山治著『政治一新論』

武藤は、かねてイギリスの政治家サースベリ卿の「政治は実業なり」という言葉を処生の信条としていた。彼は、その信念に基づいて、大正十年(一九二一)『政治一新論』を公《おおやけ》にして世に問うに至った。当時はわが国に初めて政党内閣が出現した直後であり、その成立の始めは一般に政党内閣を謳歌《おうか》し、これに多大の期待をかけていたが、その後次第に多数党横暴の声が高まりつつあった時であった。彼も当時の政情に鑑《かんが》み、政治一新の必要を認め、種々研究を重ねた結果、彼の考えついたのは、政治家の野心に一定の制限を附することにすれば、幾分なりとも政争を緩和し、且つ一定の期間内閣を存続せしむることによって、必ず徹底せる政治の実現を期するであろうということであった。彼の政治一新の方法として考案したところは多岐《たき》にわたっているが、その『私の身の上話』に収められた主要点だけを左に抜萃することとする。

『政治一新論』の要点

更に今日政弊の跡を鑑み、制度創設の前日に遡りて考ふれば、斯《か》くもありたらばと思ふ要点なきに非ず。即ち当初より総理大臣の任期を三年位に一定して、国民の一般選挙に依り

武藤山治著『政治一新論』

て三名の候補者を選挙し御裁可を仰ぐことゝし、如何なる場合にも二期以上其任に当るべからざることゝしたならば、今日の如く内閣の交迭頻繁なるの弊を避くる上に、如何なる野心ある政治家も、二期以上は政治の局に当る見込なきことなれば、今日迄の如く幾度も内閣に立たんとして自分等の子分又は党派の消長に重きを置きて、国政を料理するが如き弊を幾分にても防止するを得たるなるべし。兎にも角にも総理大臣は一般の投票に依るものなれば、形式上にても一党一派の首領又は元老の推薦せる官僚政治家が総理大臣たると異なり、国民の総理大臣として一般の感情を快くするの効能あるべし。一般投票と言ふも直接投票とせず複選挙制に依り、三―四十名以内の総理大臣選挙人を一般選挙人より選挙せしむることゝせば、党派の発生及争ひは全然之を防止し能はざるも大に緩和し得べく、又総理大臣を選挙せる少数の人々が協議員となりて立法に参与する事とせしならば、今日の如く大勢の代議士が喧々囂々《けんけんごうごう》、議院が国民の品性の低きを広告する一機関たるが如き不体裁を避くるを得たるならん。吾国の如く兎角政権の争ひ激しき国柄にては、総理大臣の任期を定むるの方法を特に設けありしならば、よし総理大臣たるものは或多数党の投票に依り選挙せらるゝも、一度其職に就きたる後は其任期に限りありて、長く一党の首領として度々総理大臣たることを得ざるに依り、如何なる野心家も公平の心を以て其施政の方針を定むべく、且一期間は政変無きが故に、政治上の争ひが従来の如く感情的・空論的となり、又は党派的とならず実質的となりて、仮りに党派の争ひは已《や》むを得ずとするも、其期間中に各党派も国民の前に充分実際問題に就き意見を陳述して其判断を受くることゝなり、今日の如く政権の争奪に急ならずして、穏和なるに至りしなるべしと考ふるものなり。今日迄は幸ひに維新の元勲が生存して一般の信望を荷ひ、所謂元老の相談にて奏請すべき内閣総理大臣の後継者が定まる慣例となり居るも元老も最早年老ひて今後永く其采配に依ることを望むべきにあらず。或は今の元老は順番に老政治家を自分等の後継者たらしめんと考へ居るやも図り難きも、今の元老なるものは全く維新の経歴に依り国民が之に信服し居るものなれば、今後之を他人に継承せしめんとするも、事実に於て国民の信望を縄《つ》ぐこと困難なるべければ、今に当り尚更ら総理大臣の候補者は国民の一般選挙に依るの制度を採らざりしことを残念に思はざるを得ず。予は今日となりても吾国憲法に違反することなくして、法律に特例を設けて総理大臣を公選し、及び其任期を一定する途なきや、元老諸公始め愛国の人士の考究を望むものなり。

まことに、その所論は、戦後における総理大臣公選論の先駆であり、武藤の先見の明に、今更に一驚を喫するものである。しかし、武藤は以上の如く考えた後、これを実行に移す場合、憲法の改正が必要であるか否かについて懸念し、彼の尊敬する法曹界の権威江木衷《ちゅう》に意見を徴した。これに対する江木の回答は、「武藤の考案は憲法に違反することなくして法律に特例を設けて実行し得るものである」とのことであった。そこで彼は総理大臣公選任期一定の意見を公《おおやけ》にして世に問うに至ったのであった。そして、その『政治一新論』の巻頭に、次の江木衷の長文の序文をもって飾っているのである。

今年の議会の態様《さま》を見よ。貴族と云はるゝ高尚の名士が其議政壇場で小理窟の上にも小理窟を築き上げたる御手際は上乗の理想として小理窟仲間の拍手に迎へられたが、三百代言から渡りを付けよと云ふ強談は免れぬ。公議輿論を代表すと云るゝ衆議院も私利私欲の醜状を暴露して剰《あま》すなきは、市井《しせい》の無頼漢も容易に理解し得る所となつた。憲法政治の弊害は其極端に達し、人心の堕落は其至る所に至つた。其無能有害なる所以《ゆえん》は最早学者・識者の説示を待つまでも無い。業《すで》に已《すで》に一般普通人民の確認する所となつた。併し物窮すれば即ち変ずで、一大革新の声のみに止まらぬことゝなつた。其実行方法が今日の急務とする問題である。此政治一新論は即ち此重大問題に向つて解決を与へたものと思はるゝが、先づ我が憲法政治をして此悲境に陥らしめた原因を明かにして、而して後始めて其真意が了解し得らるべきものである。

日々新《ひにひにあらたに》又《してまた》日新《ひにあらた》とは湯《とう》の盤の銘と云はれて居るが、何の国と何の時代とを問はず、一国の進歩には必ず之を促す所の時代精神がある。著者（武藤）は国民の品性及び独立自営を以て此精神を徴憑《ちょうひょう》するものとして居るが、近代の政治的用語を以てすれば予は此精神は自由の一語を以て其意義を尽し得べきものと考へる。我憲法の精神も亦此自由に外ならぬものだが、官民共に此自由の何物たるを解し得ず、之が為めに殊更自由なる用語を避けんとするの傾向あるは歴々として争ふべからざる事例に乏しくない。欧米の政治家は皆な自由の意義位を心得ぬ者は無い。世界の大戦も自由の為めに幾百万人の生命と幾億千万円の金銭を犠牲に供したと高唱して居るが、別に自由の説明を下すの必要も無い。平和克復の当時連盟諸邦は皆な相互に自由の勝利を祝福し、我国に対しても亦同一祝思を表示したが、我在朝政治家は皆な自由の用語を避け、之に代ふるに漠然と正義人道の語を以てして之に応酬したるは、実に頓珍漢の甚しきもので、其自ら用ひた正義人道の意義さへ了解し得ざりし事実を証明するに足るので、定めし欧米政治家の一笑を招いた事と考へる。現に当時外字新聞の記事を見ると、日本は政府の差図で、大なる祝宴を開き盛なる提灯《ちょうちん》行列をも催したが、何の目的の為に祝福した歟《か》其意味が明白ならぬと嘲つて居る。コンナ調子で欧米と対等の交際も出来ぬは当然である。

要レ之《これをようするに》我朝野の政治家は自由の何物たる歟《か》を誤解して居ると思はれるが、自由の真意義が了解出来ぬ位の程度では立憲政治の実行は到底覚束なき次第と云はねばならぬ。現に我帝国憲法にも特に一章を設けて臣民の自由権利なるものを列記し、憲法は此自由権利を獲得し此自由権利を確保するものとされてある。之を欧米諸邦に比較すると、是が即ち所謂《いわゆる》権利の宣言である。所謂マグナ・カルタ、ヘビアス・コーブスである。国民が血を以て購《あがな》ひ得たる重宝である。而かも我帝国に於ては先帝陛下の明断で此等の自由は平和の間に国民に附与されたものである。併し此自由なる者も其観念は漸次に進化した者で仏国革命時代の自由と今日の自由とは、其観念に於いて殆ど正反対に立つべき方面もある。然らば則ち自由とは果して如何なる者ぞ。一言茲《ここ》に論及するの必要がある。

国家社会の生々活々たる進歩は其目的とすべき理想を前提とする。理想は吾人の精神の創始に係る影像《イメージ》である。影像《イメージ》は創始的進化作用《クリエーチーブ・エボリユーション》の到達すべき真如《アブソリユート》である。故に理想は之を実現し得べき者で実現し得べからざる者は、所謂空想である。而して此理想の実現力が即ち所謂自由である。故に自由は之を解して向上発展の元気奮闘力と云ふべく、忠君愛国と云ひ殖産興業と云ひ其の理想の何たるを問はず、国民が自ら其心からその精神から進んで向上発展すべき積極的・能動的動力である。是が彼の他の権力の下に圧迫され器械的作用を必然する消極的・受動的屈従とその観念を異にする所以である。所謂憲法政治が制度の上に国民をして汎《ひろ》く国家社会の上に其理想を実現し得べき自由を認むるは之れが為である。是が彼の所謂専制政治に於いて政府は国民に向つて、何等の求むる所なきと同時に臣民の権利自由を認むるの必要なく、国民を以て単に統御の物体と見做し、国民をして単に喰《くら》ふて寝て糞する器械たるに了らしめ、牛馬同様政府の慈悲憐愛として之に肉慾に飽かしむれば即ち足る事とする者と大に其趣を異にする所以である。史を案ずるに、彼の仏国を中心とせる欧洲革命は専制政府を倒して自由を得たと謂はるゝが、其所謂自由なる者は縛《いましめ》の縄目を解いたと云ふ迄の消極的状態で、其後は脱《もぬけ》の殻となり、折角の革命も何等の効果を齎《もた》らす事も出来無かつたと評された者だが、此明巣《あきす》は革命後間も無く勃興した物質主義の狙《ねら》ふ所となり、自由は或は我儘勝手と解せられ、或は怠慢放題、寝て居て欠伸《あくび》をする事が其内容と解せらるゝに至つた。是が所謂物質主義・肉慾主義の自由観念である。之を以て自由を向上発展の元気奮闘力と解する近代の理想主義・精神主義の観念に比すれば、殆ど正反対の観を成すのであるが、我朝野の政治家は概ね物質主義、肉慾主義の旧思想を脱出出来ぬかとも思はるゝ。而して著者の所謂品性主義・自営主義なる者は、我国社会の実際方面から観察した迄の者で、所謂理想主義・精神主義の自由観念に外ならぬ者と思はるゝのである。

国家が法律に依り国民の自由を確保するものを国民の権利と称し、此国民の権利を確立したる邦国を法治国と称し、更に一歩を進めて国民に与ふるに立法権を以てし、国民自ら此法治国を興《おこ》し得べき制度を有するに至れる邦国を立憲治国と称す。併し各般の法典は完備するも国民の自由を確保したる法律が無ければ法治国でない。篇章燦然たる憲法は有つても法治国を成さねば、立憲治国の名はあつても其実行が不能である。我国に於ても憲法は早く已《すで》に公布されたが、当時は尚ほ治外法権なるものが横行し我帝国の法権は未だ独立を得なかつた。又此治外法権撤去の政策上行政権をして自由自在の手腕を発揮せしむるの必要上国民に自由を与ふる事は此政策と抵触《ていしょく》した。故に当時憲法と共に法治国を興すこと能はざりしは変態国家として実に不レ得レ已《やむをえざる》時態であつた。各種の法律は寧ろ国民の自由を奪ふたものであつた。併し憲法は法律と違ひ不磨《ふま》の大典で、此事態に応ずべき一時的のものたるを許さない。於レ是《ここにおいて》伊藤公は法治国の設立を後日に期して形式的憲法を制定した。故に憲法は唯だ法律とは如何なるものか、行政命令とは如何なるものかと云ふ一般的典型を定むるのみで、其憲法中に所謂法律と云ふものは現存する法律を指したもので無い。公の苦心は実に此処に存したので、公は必ず治外法権の撤去さるべき時期あるを期し、後日の法律に於て始めて定め得べきものは之を後日の立法に譲り、又憲法として規定すべき条項も一に後日の立法を妨げざるを旨とされたのである。現に文武官の任命は原則上概して天皇の大権に属するものと云はるゝに係らず、法律の典型に依る以上、之れが特例を設け得べきものとされてある。著者が総理大臣を公選すべき法律を設けよと云ふも亦特例に由《よ》るのである。然れども苟《いやし》くも憲法を公布する以上、国民をして立法に参与せしむることとなければ之を憲法と云ふことは出来ぬ。国民に立法の憲法的公権を与ふと同時に此公権を行ふべき法律を定めざれば此権利の実行は不能である。我国民も此憲法と此法律とに依り立法権丈は完全に之を得たのである。ソコデ我国民は此立法権に依り所謂臣民の自由を権利として法律の上に確立し得べきことゝなつたが、治外法権の存在は時態の必要上之を許さぬのである。是れ伊藤公が特に貴族院に於て之を喰ひ留め得べきものとしたので、現に其事例に乏しくないのである。併し日本も日清・日露の戦争で完全なる独立国となり、条約上・事実上治外法権も痕《あと》もなく撤廃されたと同時に、法治国を形成し得べき事態に立至つたのだが、政友会創立の際、伊藤公が僅かに其意を暗示されたるまでゝ一般国民が殆ど之を忘却し、権利として臣民の自由を確立すべき立法を度外視した。而かも学者・識者と云はるゝ者まで此点に向つて深き注意を払は無かつた所以のものは、治外法権時代の因襲と無気力・無精神の形式的学風に捕《とら》はれた為かとも思はるゝが、別に此堕落状態に陥つた原因もある。前にも述べた如く欧米に勃興した物質主義は欧米では一時文学・美術に一大動揺を与へた迄で、未だ法律制度の上に何等の影響を及さゞる其中に、早く已に衰残の勢を呈したのである。然るに我物質主義は明治の初期に東京大学で正科としてダウヰンやスペンサーの動物進化論が授けられ、遅れ馳せにも明治の後半期に至りて、其果を結び物質的自由の観念は政治法律に其実現を見るに至り、此肉慾的情熱と治外法権時代の専制主義とが、今日の勢を慣致《かんち》したのである。自由も理想もあったものでない。是れ国民が臣民の自由を権利として法律の上に確立せんとするが如き観念を喪失し、憲法上与へられたる立法権を無視するに至つた所以で、著者が国民の政治に冷淡なるを痛歎する所以である。そこで政府は法律に依り規定すべき重大事項も概ね、勅令・閣令・省令其他の行政命令を以て之を規定し、或は法律として規定せらるゝものも其実際上最も緊要なる点に於て之を主務大臣の監督に一任し、主務大臣に与ふるに認可・不認可の権を以てし、甚しきは已に法律上の権利とせらるゝ事項に対し、勅令若くは省令を以て主務大臣の許可を要すべきものとするものなきにあらざるも、国民は平然として之に甘んじて居る。日本は法治国にあらずして行政治国である。而かも其所謂行政治国が純然たる専制政府の下に在る間は、国民は何等権利として主張し得べきもの無き代はりに官庁の御慈悲・憐憫《れんびん》を哀願し、役人の御手心で物質的利益の御下付を受くれば即ち足るのではあるが、憲法政治の仮面を装ふた官民平等の行政治国になると官庁の方からも手心で、国民に向つて御利益《ごりやく》の上納を要求することにもなる。所謂御用商人は政商と称せらるゝが、此政商を相手とする官権も亦政商と称すべきが適当である。世人は今日の政治を以て政権争奪を事とするものと断ずるが、物質慾の争奪を事とするものと断ずるが適当である。於レ是《ここにおいてか》平著者は主要部分に於て鉄道・農商務・逓信・文部の四省を廃し、其大半の政務を国民の手に移さんと絶叫するが、理論的に之を言へば手心本位の行政治国に代ゆるに権利本位の法治国を以てせよと云ふものに外ならぬ。併し物質主義・肉慾主義が政治の根底を成し、政権を以て利権と誤解し、形式的小理屈を以て高尚の理想と誤解するに至つた今日に於ては、此尋常手段は寧ろ迂《う》濶《かつ》の評を受くるを免れまい。著者の説く所或は一見突飛の観あるに似たるも、眼前に実現し来れる事態に対し、手ッ取早き応急の手段として一般国民は之を是認するに躊躇するものにあらざるべし。聊《いささ》か巻首に卑見を叙して以て序文に代ふ。言尽《げんつくして》意《い》不《との》レ罄《はず》。

辛酉《しんゆう》三月念《ねん》一（大正十年三月二十一日）　令《れい》灰《くわい》衷しるす

かかる激烈なる腐敗政治に対する警告にもかかわらず、時の政府は政権のたらい廻しに汲《きゆう》々《きゆう》とし、実業家は、また「明治維新」以来の伝統となった政府と結託して利権にありつくことに余念がなかった。ここにおいて武藤は同志を糾合し、組織的な政治への働きかけに乗り出さざるを得なかった。事実、武藤の政治活動は、彼の鐘紡におけると同様、彼の正義心あるいは潔癖性から生じたものであり、決して卑俗な野心から生じたものでないことは確認しておく必要がある。例えば、「日露戦争」による多数の負傷兵が「戦争乞食」となり、巷《ちまた》にあふれて、薬行商その他のしがない暮しをしながら世の邪魔者扱いを受けている状態を見聞するにおよんで、自らその救済にのり出したのであった。当時、路

大正5年頃の武藤山治

頭に迷う癈兵《はいへい》・遺家族の総数は、五六一、六五七人の多数に上ったが、武藤はこの国家の犠牲者に「社会保障」を提唱した。彼は、尾崎行雄に書簡を送り救護制度の確立の必要を説き、さらに首相大隈重信宛一千字に余る電信を発して遺族廃兵救護法を臨時閣議に提案するよう訴えた。また自ら「出征軍人家族廃兵戦病死者遺族救護法調査事務所」を神戸に設け、金太仁作とともに積極的な調査活動お

よび、世論の喚起につとめ、はては陸軍当局から社会主義者として睨《にら》まれ、その身辺を調査せしめられたほどであった。大正六年(一九一七)七月、「軍事救護法」が発布されたが、この蔭には武藤の並々ならぬ努力があったことを知るべきである。しかし、この「救護法」すら、決して武藤を満足させるものではなく、彼は折ある毎にその改正を訴えて止まなかったのであった。

しかし、当時の社会情勢は、武藤の理想からますます遠ざかりつつあった。「第一次世界大戦」という外在的要因によって不当に膨脹した日本経済は、決して強固な基礎をもったものではなかった。それにも拘わらず、日銀総裁井上準之助の「消極方針をとらず、戦時中拡大した生産に全能力を発揮しまして、内地需要に超過する貨物は、これを積極的に海外に捌《さば》く方針でござゐます」という楽観説に、日本の企業家は踊らされていた。果せるかな、大正八年(一九一九)三月、株式は一斉《いっせい》に大暴落を告げ、銀行の閉鎖や会社の倒産が跡を断たず、恐慌の嵐が各種産業に

日本労働総同盟

日本経済連盟

襲来した。大正七年（一九一八）、かの「米騒動」に象徴される民衆の苦難は、不況によって拍車をかけられ、階級意識の自覚とともに労働者の組織的抵抗も進展した。大正八年（一九一九）、「友愛会」は「大日本労働総同盟友愛会」と改称、さらに同十一年（一九二二）には「日本労働総同盟」となり、従来の労資協調の立場を捨てて、労働者自身の要求を掲げるに至った。この間、後年の荒れ狂うテロリズムのはしりとして、大正十年（一九二一）首相原敬《たかし》が東京駅頭で刺殺される事件が起ったのであった。

　こうした情勢の下で、資本家自らも結束して混乱せる社会情勢に対処する必要に迫られた。かくて、さきに大正六年（一九一七）創設の「日本工業倶楽部」に結集した財界の巨頭は、より強固な組織として「日本経済連盟」を創立するに至った。その連盟の常務理事として選ばれたのは、団琢磨・池田成彬《しげあき》・井上準之助・大橋新太郎・和田豊治・串田万蔵・郷《ごう》誠之助・藤山雷太《らいた》・菊地恭三・湯川寛吉・堀啓次郎・原富太郎らであった。ただこの常務理事の中に、日銀総裁という「官吏」

である井上準之助が名を連ねていることは、武藤の正義感がこれを許し得なかった。大正八年（一九一九）以来、「大日本実業組合連合会」を組織し、自らその会長として、財界に重きをなした武藤が、この実業家団体に加わることは少しも不自然ではなかった。しかし、彼はこれに参加しないばかりか、当の井上に対し激しい攻撃を加えたのであった。それはまた「中央銀行制度」そのものに対する武藤の批判でもあり、さらに、政府の保護から脱しきれぬ、日本の旧態依然たる資本家に対する新しい産業資本家としての武藤の激しい憤りでもあったのである。大正十一年（一九二二）八月十八日、『朝日新聞』は、武藤の井上弾劾《だんがい》の長文の記事を掲げた。次にみるのは、その抜萃である。

大日本経済聯盟会主唱者たりし団氏とは私は全然同感であります。然らば何故に私が之に加入せぬかと尋ねらるれば、二つの理由があります。

第一は、此会が、国民の理想に反する結果となることを恐れたからです。何んとなれば、吾国は米国と違って実業家が機会ある毎に政府の保護救済を得んとしている。中には之《この》恥づべき所行を一つの手柄の様に心得て居る実業家もある。然してこの弊風は、却って有力なる実業家の間に盛んであるから、吾国に実業家の一大聯盟が発生すれば、一層此の弊風を助長する危険があります。尤も同聯盟会の今後の行動に就いて今日より予言するは穏当ではありませぬが、少くも米国の実業家の如き公明正大なる態度は到底望まれぬと思ひますから、私の如く実業家が政府の保護救済を受くることに反対するものは、初めより加入せぬが安全と思ひます。

他の一つの理由は、井上日本銀行総裁が、実業界の人々と密接の関係を有することは綱紀上許すべからざることゝ信ずるからであります。井上日銀総裁は、嘗て横浜の貿易商茂木氏と最も密接なる関係を有し、其結果が財界に大なる悪影響を与へたる事は天下周知の事実であります。茂木氏の外にも個人や銀行を世話されてゐる噂がありますが、私はこの井上日銀総裁の態度に対し反対であります。日本銀行総裁は日本銀行条令に依り明かに官吏であります。吾国に於て中央銀行総裁を純然たる官吏としたのは、其職務の厳正なる点に重きを置いたからであります。然るに井上日銀総裁の行動は官吏としては勿論、仮に株主の選挙したる日本銀行総裁としても許すべからざるものと信じます。世間では日本銀行総裁は官吏ではないと思ふて居る人が多いかも知れぬが、普通の官吏と少しも区別がありませぬ。唯異なるは政府部門の官吏よりは厚き待遇を受ける点だけであります。此の区別は官吏であつて普通の官吏よりも責任の重大なることを示すものであります。

私の意見では、井上日銀総裁の従来の行動は綱紀上許すべからざるもので、今回公然大日本経済聯盟会の発起者となり、其常務理事たる如きは、吾中央銀行総裁に有間敷き行動であつて、種々の情弊は此間に生ずる危険があります。是れ私の最も反対する点で綱紀粛正を標榜《ひょうぼう》する加藤首相及び市来《いちき》大蔵大臣は、井上日銀総裁の是等の行動を是認せらるゝや否や、私の聞かんと欲するところであります。

ついで、武藤は、井上の大正八年(一九一九)四月の関西銀行大会における演説の一部を掲げ、「休戦後警戒しつつありし我商工業界を駆りて奈落《ならく》の底に飛込ましめたるは実に井上日銀総裁である」と断じ、さらに「私は井上日銀総裁は一昨年の恐慌の稍《やや》静まるを待ち引責辞職せらるゝと信じて居つたが、依然その職に居らるゝ。猶高橋内閣の辞職に際しては必ず進退をともにせらるゝと思つて居つたところ、平然として其職に止まり、恰《あた》かも日本銀行総裁の地位と責任とを忘れたるが如き態度であるのみならず、今又大日本経済聯盟の主働者となりて我官民を指導せんとせらるゝも、吾が実業界にあるもの誰か氏の態度を潔《いさぎよ》しとするものあらんや」と追討《おいうち》を掛けている。そして「我国実業界に最も欠乏せるは責任観念である。井上氏若し我実業界のために尽されんとせらるゝならば、先づ日銀総裁として自己の責任に就き自省せらるべきである」と迫ったのであった。しかしながら、このような文筆による啓蒙には限界があった。それを悟った武藤は、政党政治の腐敗を一掃すべき決意を秘めて、大正十二年（一九二三）四月、従来の「大日本実業組合聯合会」から「大阪実業組合聯合会」が脱退したのを機会に、同志を糾合して「実業同志会」を結成し、進んで議会に代表を送り、政界の浄化と彼等の主張を政治的に実現せしめようとしたのであった。

実業同志会の結成

大正十二年（一九二三）十一月刊行の『政界革新運動と実業同志会』の冒頭には、「私が政界革新運動を起せる理由」と題して、次のごとく所信を披瀝《ひれき》しているのである。

『政界革新運動と実業同志会』

我国の政治は、今や腐敗堕落の極に達し、現状のまゝに推移する時は、ボーエンの言（一国の盛衰は其国の政治の良否に因るものである）の如く、国家の衰亡を来すべき運命にある。此際国民が奮起して、此腐敗を廓清《かくせい》し、純潔なる政治に引戻すことが、何よりも急務である。……明治維新以来、我国は、日清・日露の両役を初め、屢々国難に等しき国家の危機に遭遇して居る。併しながら、未だ曽つて今日の如き危険なる懸崖《けんがい》に立つた事はなかつた。日本人は戦争の外に国難あるを知らない国民であるが、今日の日本の状態はどうであるか。干戈《かんか》こそ交へてゐないが、経済上の戦に於て吾々は日々敗北しつつあるのである。今日我が産業は、僅かに関税の城壁によつて命脈を保ち、貿易は生糸の輸出によつて辛うじて平均を保つて居るといふ極めて憂慮すべき状態にあるのである。この状態を今日の儘に放任する時は、やがて生産の行詰りとなり、日本の国家的存立の基礎を危くするに至るは、火を睹《み》るより明かなる事実である。私は日本の実業家の一人として、かゝる国家の危機を坐視するに忍びないのである。

しかも、当時、すでに「政治は、何等経済的知識・経験なき職業政治家の為に壟断《ろうだん》せられ、資本は極めて不生産的に浪費せられて居る。為に国民の生活は、益々苦しくなるばかりである。為政上最も怖《おそ》るべきはこの国民の生活難である。国家の破綻《はたん》は多く此処より生ずる。無産階級の生活難は有産階級に対する不平となり、怨嗟《えんさ》となり、反抗となり、襲撃となり、遂には社会生活上最も忌《いま》はしき階級争闘を惹き起すに至るのである」ということに留意し、「政治の要諦《ようてい》は、社会各階級の調和にある。此調和が破れて国家の隆昌は期し難い。日本の政治家が今日の如く国民の資本を浪費し、産業の発達を沮碍《そがい》し、国民生活の基礎を脅かすが如き悪政治を、飽くまで継続するに於ては、遂に各階級の調和が破れ、階級争闘の如き怖《おそ》るべき結果を生む事なきを保し難いのである」と指摘している。

さらに、進んで、「実業家が政治に覚醒せざるべからざる理由」として、「今日の如く国民経済に大関係ある政治が、党利党略あるのみにして、何等実業上の知識経験なき職業政治家と、一部の悪資本家との結托により、秕政百出《ひせいひやくしゆつ》、国家の危機に近づきつゝある場合に於ては、実業家こそ、自己の利害より言ふも正に奮ひ起《た》つて、政界廓清《かくせい》の任に膺《あた》るべきものと信ずるのである」と断言している。かくて、「政治が実業家によつて廓清せられたる実例」を内外の事例によつて実証し、特に「実業家が国家に対し奉公せざるべからざる理由」を挙げ、さらに「政治を実業化せねばならぬ」所以《ゆえん》を例証し、竿頭《かんとう》一歩を進めて、「実業界より政治を追ひ出せ」と絶叫し、最後に、「政治は正しき意味に於ける力」であることを確認し、「政治の革新は国民の政治的良心に依る」と規定しているのである。

かくて、「政界腐敗の廓清」を旗印として、「吾産業の血液たる資本を浪費する党利党略の外、眼中何物も有せざる政党政治の弊害を匡正《きようせい》する」ことを目的として、大正十二年(一九二三)四月、「実業同志会」は結成せられた。その「宣言」「綱領」「政策」は、それぞれ次のごとくである。

宣言

人類歴史ありて以来、社会の発達は生産の増加に伴ひ、国家の繁栄は経済の充実に懸ること、東西史乗《しじょう》の明《か》に示す所なり。従つて生産に関聯する経済問題は、実に一国政治の中枢たらざる可らず。是《ここ》を以て経済的知識経験を有する真面目なる実業家の政治に関与することは、国運隆昌の為め極めて緊要なることに属す。然るに我が国の実業家は由来政治に冷淡にして、事あれば、即ち政府政党に哀訴歎願し、敢て自ら起つて国政に関与し国策の樹立に力を致さんとせず、是れ吾人の最も遺憾とする所なり。

斯くて我国の政治は、所謂専門政治家に壟断《ろうだん》せらるゝに至れり。憲法発布以来茲《ここ》に三十五年、国民の多数は依然として、政治的自覚なく、政党の弊害愈《いよいよ》甚し。今にして速に覚醒し党弊を刷新するに非ずんば、国家の前途真に憂慮すべきものあらん。

茲に於て吾人相諮《はか》り、実業同志会を組織し、左記綱領に基き政治の革新を行ひ、国運の発展を図らんと欲す。其の特に商工業の振興を主張し、悪税の廃止を要求するは、生産の増加が国利民福の基礎にして、負担の軽減が国力充実の要件なりと信ずればなり。必ずしも階級的利益を代表するものにあらず。時務の急なるものを行ひて、国家永遠の利益を増進せんと欲するが為めのみ。若夫れ、国民全体の幸福を増進すべき社会的施設にして、国費に依るべき必要あるものに至つては、吾人は進んで之が実行に努力すべきは言ふを待たざるなり。

今や吾人は、既成政党の外に立ち、独立して本会を組織するに至りたりと雖も、素《もと》是れ現在の政党到底頼むに足らずと思惟《しい》するに因る。敢て好んで党を樹《た》て争を繁くせんとするものにあらず。従つて他日我国の政界にして廓清せられ、立憲政治の完全なる運用を見るに至らば、吾人は欣然として本会を解散し、各《おのおの》其の主義を同ふする政党に参加せんと欲するものなり。

綱　領

一、国民の自覚を促し、純真なる立憲政治を確立せんことを期す。

一、公衆の利益を無視する国家の保護及之を獲《え》んが為めになす総ての請託及運動を排斥し、綱紀を振粛せんことを期す。

一、着実剛健の気風を振作《しんさく》し、社会の発達を健実ならしめんことを期す。

一、産業を振興し、国家の基礎を鞏固《きょうこ》ならしめんことを期す。

一、財政・行政を整備し、国民の負担を軽減せんことを期す。

一、適切なる社会政策を実行し、人心を安定せしめんことを期す。

政　策

一、実業家又は実業家にあらざるも、本会の綱領及政策に賛成する同志の代議士を議会に遣《おく》り、党弊の廓清を図ること。但し代議士候補者たるべきものは本会会員に限ること。

一、普通選挙の問題を今日の如く未決の儘に置くは、国民思想に悪影響を及ぼすを以て、速に普通選挙実行時期を定め、官民共に其の準備に着手すること。

一、国民の権利義務に重大なる関係ある事項に付き、従来立法部たる議会が、其規定を多く命令又は行政官の裁量に委したる弊風を刷新すること。

一、営業税・通行税・醤酒醸造税・織物消費税其他の悪税を廃止する事。

一、所得税に付きては資本の集積を妨ぐるが如き法人の留保所得課税制度を改正すると共に、勤労所得金額の最低限度を引上げ、其他適当なる軽減を加ふること。

一、地租の廃止に賛成すること。

一、関税は我国生産の発達を妨げざるを方針とし、之を減廃する事。

一、中央並に地方財政を緊縮し、負担の軽減を図ること。
一、殖民地会計其他特別会計の整理緊縮を行ふこと。
一、預金部の資金運用方針を決定する機関を設くること。
一、会計検査制度に改正を加へ、国庫の支出を有効にして経済的ならしむること。
一、鉄道・港湾・泊水等の継続事業に対し適当なる繰延を断行する事。
一、財政の民間経済圧迫を排斥すること。
一、産業に対する国家の干渉を除去すること。特に産業の国営に反対すること。
一、特殊会社及特殊銀行の制度及組織を改正すること。
一、外交は対外経済発展に重きを置き、必要なる刷新を加ふること。
一、通商条約を締結又は改訂し、経済的発展を便ならしむること。

一、文官任用令を改正し、人材登用の途を広くすること。
一、行政組織の根本的改正を行ひ、事務の簡捷《かんしょう》・政費の節減を図る事。
一、鉄道は国有民営の制度に改むること。
一、郵便電信の現制度に大刷新を施し、殊に電話の速通普及を可能ならしむること。
一、海軍は華府《ワシントン》会議の決定に基き之を縮小し、新規計画は国防の安全に必要なる限度に止むること。
一、陸軍に付きては国民的軍事教育を振興し、常備軍を整理減少すること。
一、貨幣改鋳益金全部を社会事業に使用すること。
一、退職軍人癈兵《はいへい》及戦死者遺族を優遇すること。
一、傷病癈疾及老衰者の救済制度を完全にすること。
一、義務教育は其の内容を充実すると共に、特に徳性の涵養に力を致すこと。

一、中小学校にて其の学校限り退学する生徒のため実業補習科を設け、最後の一年は各自好むところに従ひ専ら実業の講習を受けしむべきこと。

一、社会教育を盛んにし国民思想を啓導すること。

一、高等教育の年限を短縮し活気ある人材の養成を図ること。

一、私学を奨励し、理・工・農・医科以外の大学は成るべく之を私立たらしむること。

『公民講座』

また、大正十四年（一九二五）一月には、雑誌『公民講座』を創刊して、毎号、武藤自らが「巻頭言」を執筆して、社会大衆の啓蒙と指導とに努力を吝《お》しむことがなかった。最初、これの発行者は、「実業同志会」であり、後に社団法人国民会館となるが、武藤の意図は、終始これを全く「政治」の圏外に置いて、純粋な啓蒙運動とすることにあったのである。

以上にみられるごとく、武藤の理念とするところは、過度の国家権力の排除であり、当時のイギリスないしはアメリカを模範としたブルジョア民主主義の確立ということであった。これは当時の迫り来るファッシズムと一部独占資本家との結託と、高揚する社会主義的運動の二者択一の情勢の中で、武藤に代表される純正な近代資本の担い手たるべき実業家が、当然たどらねばならなかった防衛手段的産業でもあったのである。かくて武藤は、漸く頽廃に瀕しつつあった日本資本主義の起死回生のために、夢を政治に託し、青年のごとき意気をもって、百鬼夜行のごとき当時の政界に、その第一歩を踏み入れていったのであった。

かつて武藤は、鐘紡より政界に入るとき、「私は会社の上でも、明治二十七年月給三十七円五十銭で当社に雇はれまして以来、今日社長に就任するまで、常に興味と理想と忠実なる観念とを以て従事し、如何なる時に於ても、地位の向上せんことや、報酬の多からんことを目的として働いたことはありませぬ」と述べたのであったが、この言葉は、武藤にしてはじめて自らに語りかけえたものであり、しかも、この信念は終生変ることがなかったのである。

二　政界における活躍

武藤山治の政界入りの第一歩は、大正十三年（一九二四）、清浦内閣によっておこなわれた総選挙であった。当時、すでに「日本共産党」さえ極秘裡に結成せられていたほどであり、農民および労働者による社会運動は、普通選挙の実施を目ざして、著しい高揚を示していた。時に野党であった憲政・立憲政友・革新クラブは、この民衆の政治的自覚を評価するとともに、そのエネルギーを内閣打倒に利用せんと図り、加藤・高橋・犬養の三党首は枢密顧問官三浦梧楼《ごろう》の斡旋《あっせん》によって秘密裡に会合をもち、「憲政の本義に則《のっと》り政党内閣制の確立を期す事」を申し合せ、

護憲三派

「護憲三派」の共同戦線をはり、「普選断行」、「貴族院改革」、「行財政整理」の三項目で民衆に訴え、選挙に臨んだのである。選挙の結果「護憲三派」は圧倒的な

勝利を収めた。武藤山治の率いる「実業同志会」は三十数名の候補者を立て、武藤を含む十一名が当選した。この選挙によって清浦内閣は倒壊し、後継内閣は第一党の憲政会総裁加藤高明が組閣、ここに「護憲三派内閣」が生れた。この内閣は公約に従い、一面において男子普通選挙法制定・貴族院の部分的改革・財政緊縮・軍備縮小などの進歩的政策を断行したが、他面において「治安維持法」を制定し、社会主義運動を弾圧し、同時に中等学校以上に軍事教練を課することによって軍縮を補うなど、いわゆる「飴《あめ》と鞭」の典型を示したのであった。この間「実業同志会」は少数派の宿命として、実業家の意志を期待通り政策に盛り込むことはできなかったが、武藤自身は、蔵相浜口雄幸《おさち》との経済論争で一躍有名になった。しかし、彼の議会活動の中で最も目ざましかったのは「震災手形法」をめぐる政府反対と、後年の「金解禁」における反対論とであった。

加藤高明

大正十二年(一九二三)九月一日、突如として関東を襲った大地震は、死者九万、総額五五億に達する被害を与えた。時の日銀総裁は、かつて武藤に糾弾せられた井上準之助であったが、「震災内閣」を山本権兵衛が組閣するや、前蔵相市来《いちき》乙彦と交替に入閣し、九月三日の親任式が終了するや、直ちにモラトリアム（支払猶予）を実施する旨を申し出た。同月七日、モラトリアムは公布され、特例を除き、九月一日以前の震災地における債務支払は向う一ヵ月間停止された。さらに、震災以前の「割引手形」を抱えて困難に陥っている市中銀行の窮状を救済するため、「手形割引損失補償令」を公布、その救済に当ったのであった。すなわち、市中銀行が震災前に割引いた手形を「震災手形」として「日本銀行が再割引し、これで生じた日本銀行の損失は、政府が一億円まで補償しよう」とするものであった。日本銀行が翌十三年（一九二四）三月までに再割引した手形は、四億三、〇〇〇万円に達した。中にはこの機会とばかり、焦《こげ》つきの不良手形を持ち込む者もあった。国家と資本家の悪縁は、武藤の悲憤をよそに果しもなく続くのである。

若槻礼次郎
浜口雄幸
早速整爾
片岡直温

「護憲三派」の加藤内閣成立以来、「憲政会」の主要な政策の一つは、「金解禁」にあった。そのため、前記震災手形の整理が急務とされた。大正十五年（一九二六）六月、若槻礼次郎による「第一次若槻内閣」の蔵相は、浜口雄幸《おさち》から早速整爾《はやみせいじ》にかわり、ついで片岡直温《かたおかなおはる》が早速《はやみ》の急死のあとを受けて蔵相となった。かくて震災手形の回収は彼に課せられた任務となった。しかし回収は一向に進捗《しんちょく》せず、昭和元年（一九二六）末に至っても未整理の震災手形は二億七〇〇〇万円の巨額に達していた。そこで「震災手形損失補償公債法案」により、一億円を政府五分利公債を日本銀行に与えて補償するとともに、残りの一億七〇〇〇万円も日本銀行から政府に肩替わりしようとする「震災手形善後処理法案」の二法案を昭和二年（一九二七）一月の議会に提出した。これは金融資本の救済を、国民の税金をもってしようとするものであったのである。

武藤の震災手形処理に対する態度は、早くも震災直後の十月一日、帝国ホテルにおける東京支部委員会での演説で表明された。彼は震災と同時にサンフランシスコに照会し、先年同地に震災が起った場合の国家の救済方法などを調査したが、その結果を踏まえて、彼は次のごとく述べている。すなわち、

私の調査したる処によれば、外国に於てはか丶る場合に於て国家が個人の損失を負担する例がなく、又今日横浜に於て災害に逢つた外国人中、一人も本国政府に向つて自己の損失を救済せんことを求めて居るものがありませんが、吾国は元来、家族制度が我国家組織の根本であるから、私はか丶る非常の場合に於ては、罹災者の経済的復興に対し、国家が或程度の救済を為す事は不可でないと信ずるのであります。併し乍ら、其救済方法は公平でなければなりませぬ。過去に於ける実例によれば、国家の救済は多く少数の大資本家にのみ加へられ、多数の被害者は捨てられた例が多い。……今日吾々の国家に要求する救済は、各階級に通ずる罹災市民共同の方法であります。……

故に私の諸君に切望するところは、諸君が東京市復興の問題は之を常に経済上の影響如何と考へられ、其損失の全部若しくは多くの部分を国家の救済に待つが如き事は、経済上不可能なるものなる事を第一に了解せられ、東京市に於ける経済的復興に付き国家の救済を受くるには、国民経済上其適度のところに於て満足せらるゝの必要を認められたき事であります。

かくて、武藤の説くところは明らかであり、それは政府への最少限の救助依頼と、他方政府の側よりする平等なる救済の実施であった。したがって、政府が前記二法案によって、金融資本の救済にのり出したとき、武藤は、「我国には政商といふ一つの部族があって、銭が儲《もう》かるときには自分の懐《ふところ》に入れ、損をするときには政治家と結托して、国民の膏血《こうけつ》からなる国家の金で、救済を受ける国であるといふことを示す法案であります」と攻撃したのであった。しかるにもかかわらず、この二つの震災手形法案は三月二十三日までに両院を通過してしまった。

台湾銀行
鈴木商店

しかし、時すでに遅く、その一週間前の昭和二年（一九二七）三月十五日、金融恐慌は勃発していた。その動機を作ったのは、蔵相片岡直温《なおはる》の追加予算総会における「本日正午ごろ、東京渡辺銀行がたふたふ破綻《はたん》いたしました」という失言であった。実際はそのころまだ当の「東京渡辺銀行」は営業を続けていたが、これで本格的に破綻してしまった。ついで「台湾銀行」が破綻するに及んで、恐慌は一層深刻化した。しかもこの「台湾銀行」は、鈴木商店に三億五、〇〇〇万円もの融資をおこなっており、その鈴木商店自身も危機に瀕していたのである。政府は井上準之助を会長とする「台湾銀行調査会」を設け、その資産内容を検討するとともに、最後の手段として「緊急勅令案」を提出し、日銀の非常貸出によって同行を救済しようと図ったが、枢密院の反対にあって挫折し、遂に若槻内閣は倒壊するに至った。

かくて、銀行の取付けと倒産相継ぐ金融恐慌のさなかで「立憲政友会」総裁陸軍大将田中義一が組閣、その五日後の四月二十五日、再びモラトリアムが三週間にわたって実施せられた。この間、一方に、日本銀行は新たに二百円札を急造して非常貸出に応じるとともに、他方に、政府は五月三日の臨時閣議で「日本銀行特別融通及損失補償法」および「台湾の金融機関に対する資金融通に関する法律」の二法案を可決したのであった。いずれも国民の犠牲による銀行の救済であり、武藤はこれに対しても堂々の論陣を張って反対したのであった。

社会民衆党
日本労農党

翌昭和三年（一九二八）二月、日本で最初の普通選挙法による衆議院議員総選挙がおこなわれた。この選挙では、与党である「政友会」と前年六月「憲政会」と「政友本党」の合同によってなった「民政党」の二大保守党に加え、武藤の「実業同志会」があり、さらに、「社会民衆党」「日本労農党」の「無産政党」が選挙に臨んだのである。この選挙における内相鈴木喜三郎の露骨な選挙干渉は有名であり、とくに「無産政党」に対する激しい取締りがおこなわれた。選挙の結果、「政友会」二一九、「民政党」二一七、「無産諸党派」八、そして「実業同志会」は三一名の候補者をたて、武藤山治・千葉三郎・河崎助太郎・松井文太郎の四名が当選した。「厳正中立」を標榜《ひょうぼう》する第三党としての「実業同志会」は保守・無産両党から挾撃せられ、しかも武藤の掛値のない実現可能な公約は、当時の混濁の社会にあっては魅力に乏しいものにみえたことは否めない。しかし、「実業同志会」の四名は、民政・政友両党の差が僅かに二名という実状であったため、キャステング＝ボートを握り、武藤らの動向は極めて重要であった。尚昭和四年(一九二九)、「実業同志会」は、国民すべての政党への意味をこめて、「国民同志会」と改名した。

「国民同志会」と改称

山本宣治の暗殺

この選挙の副産物は政府による社会主義運動の徹底的弾圧であった。すでに前年、「労農党」代議士山本宣治の刺殺事件が起ったが、全有権者の二〇分の一を占める「無産政党」支持者の勢力を恐れた当時の政府は、三月十五日未明、全国一斉に手入れをおこない、左翼分子と見なされる者千数百名を検挙した。この事件を契機として、日本は、言論・思想の自由を完全に奪われ、いわゆる「暗い谷間」

に陥没していったのである。

満州事変

国内でのかかる弾圧は、経済的不況と相まって、不穏な空気を醸成《じょうせい》しつつあったため、政府は国民の目を海外にそらすことに努めた。満州における「張作霖爆死事件」は、その第一歩であった。しかし、これがやがて田中内閣の総辞職の原因となり、昭和四年（一九二九）七月、代って浜口雄幸《おさち》の民政党内閣の成立となった。蔵相は新たに入党した井上準之助であった。

金解禁

かくて、政権の座についた民政党のおこなった経済政策は「金解禁」であった。「第一次世界大戦」中の各国における金輸出禁止は、その後再び金本位制に復帰していた。日本においては、いまだその段階ではなかったにも拘わらず、輸出不振を挽回するため止むを得ざる手段であった。折から、アメリカに発した一九二九年の恐慌は日本にも波及し、産業は全く痲痺《まひ》状態に陥り、失業者は巷《ちまた》に溢《あふ》れた。その中で、蔵相井上は金解禁への準備として「緊縮財政」を説き、徹底的なデフレーション政策をおこなった。「不況の場合の節約は、社会的な悪徳である」という経済学上の警句は、もちろん、当時の為政者はまだしらなかった。当然に武藤は、この「金解禁」には反対であった。当時を顧みて武藤は、『私の身の上話』において、次のごとく述べている。

井上氏が浜口内閣の大蔵大臣となられ金解禁を断行せらるゝに当り、私は世界経済の変化、全く以前と状勢を異にし、何時不況の嵐が我国に襲来せんとも知れざる時に、金解禁を行ふは時を得たるものでないとして、当時私は代議士のことでもあり、院の内外に於て筆に口に熱烈に反対しました。

「金解禁」は、昭和五年（一九三〇）一月十一日実施された。しかしその結果はどうであったか。世界恐慌の焔を一層拡大させる油のごときものではなかったか。この点を、来るべき、第二回普通選挙を前に、武藤は次のごとく説いている。

私をして言はしむれば、現内閣の財政経済政策の根本思想をなすものは、今より七百年前青砥《あおと》藤綱が滑川《なめり》（神奈川県鎌倉市）へ誤って銭十文を落したので、五十文で松明《たいまつ》十把を買って家来に拾はせたのと同じく、道徳と経済とを混同した誤れるものなのであります。故にこんな政策を継続して行けば、結局国民経済

衆議院において質問演説中の武藤山治
（昭和5年4月21日，蔵相井上に対して国民経済死活の問題について質問演説の際）

の破滅となり、延《ひ》いては国民思想を悪化し、国家動乱の端をなすものであります。一言にして尽くせば、現内閣の政治は、政府も国民も相共に貧乏になる政治なのであります。浜口首相や井上蔵相は、政府も国民も共に緊縮して、物を買はずに金を溜めさへすれば、それで国民経済の立直しが出来ると考へたやうでありますが、これは私経済と公経済とを混同した財政経済上の一大誤謬であります。

個人の暮向きと政府の暮向きとはその性質に於て正反対なものがあつて、即ち政府の財政は出づるを計つて後入るを制するものであり、個人の財政は入るを計つて後出づるを制するのであります。故に政府は如何ほど歳出を減少しても、それによつて生ずる剰余金を国民負担の軽減に振り向けるならば、それで少しも差支へない訳であるが、しかしこの筆法で国民各個の経済に於て行つたならば、産業界は激烈なる不景気に見舞はれ、遂には破滅に陥らざるを得ないのであります。

斯くて現内閣は、短期間の内に急激なる、旧平価金解禁を強行し、ために物価も急激に下落して、全国の生産業者がその立直りに右往左往、混乱してゐる際に、更に「物買ふな」の消費節約主義を宣伝して、物の売れぬやうにするのでありますから、恰《あたか》も全軍敗走する際に味方の内からその背後へ機関銃を浴びせるも同様であります。これでは中小の商工業者や労働者階級をますます窮地に陥れるやうなものであります。

井上準之助の暗殺

そして、蔵相井上が、国民にのみ消費節約を促しておきながら、「国家財政に於ては少しも真の意味の節約を行っていない」点を指摘し、かかる誠意のないやり方では「一部少数の金持階級以外には多数国民の怨嗟《えんさ》の的となるのも遠いことではないと思ひます」と井上の将来を暗示している。果せるかな、それから三年の日も経過しない昭和七年(一九三二)二月九日、武藤のよき論敵であった井上準之助は

「血盟団」の一員に狙撃され、六十四歳の生涯を終ったのである。武藤はかつての論敵井上の非業《ひごう》の死に対して痛憤と哀悼の意をこめて、次のごとく書き記している。

回顧すれば時事新報社の催で昭和五年五月廿九日夜、工業倶楽部に於て井上蔵相と私と二人の間に意見を闘はしたことがあります。其節井上氏と別かるゝに際し、私はナポレオンの後悔せる例を引いて、人が権勢の地位に立つた時の用心について懇《ねんごろ》に注意し、権勢に近寄り来るものは多くは媚びるもので、腹に一物ある者が多い。此輩の言に惑はさるゝことなく、つとめて反対意見に耳傾けらるゝようにせらるゝよう相話し、井上氏と懇ろなる挨拶を交して別かれたのが氏に御目にかゝつた最後です。其後私は政界を退き、若槻内閣倒れて井上氏は在野の人となり選挙戦に臨み、日夜奮闘せられつゝある折柄、不幸兇弾に殪《たお》れられたことは洵《まこと》に哀悼の至りに堪へませぬ。どちらかと謂《い》へば井上氏は、あの頃まで順境のみを歩かれた方であつたから、これから大いに苦労せられたことでありませうが、「艱難汝を玉にす」といふ諺のある通り、井上氏の将来は寧ろ今後にあつて、これより次第に玉成せらるゝのでありました。誠に惜しい事でした。

昭和五年(一九三〇)の第二回普通選挙には、「国民同志会」は十二名の候補をたて、武藤以下六名が当選した。この時の選挙で「民政党」は二七三名の絶対多数となったが、「無産政党」は相つぐ弾圧と内部分裂で僅か五名を得たに過ぎなかった。このころより軍部と結んだ右翼の擡頭が著しくなった。これは、本質的には独占資本に寄生し、それと共通の利害に立ちながらも、政党政治の行詰りを非難し、資本の暴利を攻撃することで新味を出そうとするものであった。一方で、かの「鐘紡争議」をはじめとする労働運動の昂揚とその政治的表現たる「無産政党」の結成を危惧《きぐ》しながらも、他方で、独占資本の収奪にさらされる都市の中小商工業者・農村の地主・富農層に支持を見い出し、かつ単純な潔癖性のみをもって育ってきた青年将校の共感を得ることで、これら右翼は、急速に「一人一殺主義」の「暴力集団」として成長し、怖るべきテロリズムの時代を現出したのである。

首相浜口雄幸狙撃

まず「ロンドン条約問題」に絡《から》んで、右翼団体の「愛国社」の一員は、東京駅頭で首相浜口雄幸を狙撃して重傷を負わせ、遂に暗殺の目的を果したのを手初めに、血腥《なま》ぐさい右翼のテロリズムは政財界要人を次々と暗殺していったのである。

団琢磨暗殺

前述の井上暗殺の翌三月五日「血盟団」員の一凶弾は団琢磨を倒し、

首相犬養毅暗殺

つづいて五月十五日、海軍士官を中心とする一団は、首相官邸に闖入《ちんにゅう》し、「話せばわかる」という首相犬養毅《つよし》を「問答無用」の一言で射殺したのであった。

満州事変

この五・一五事件を契機に、軍部の政治への介入は公然化し、大陸への武力侵略たる「満州事変」、

日中戦争

そして「日中戦争」へと連なってゆくのである。また経済的にも大きな変化がみられ、すでに昭和六年(一九三一)暮には、蔵相高橋是清によって、金本位制は解禁後約

二年で停止せられ、財政的にも、軍部の過大な軍事予算を賄《まかな》うため、インフレーション政策へと大きく転換していたのである。

当時の民政・政友両党による飽くなき政権の「盥回《たらい》し」と、一部資本家の狂態の限りを尽くす利権慾、更に、安価な買収策に乗ぜられて、裏切られて見捨てられてもなお二大保守党に票を投ずる無智な民衆、その混濁を絶好の住家《すみか》として育つ右翼勢力と、階級闘争とプロレタリヤ革命を標榜する「無産政党」の擡頭、武藤が議員生活において、まのあたり見たものは、このような彼の理想とは、およそ背反するものばかりであった。彼は、議会における実際の政治活動が、果して国民の覚醒を促がす最上の手段であったか否かを考え、遂に昭和七年（一九三二）一月第六十帝国議会解散と同時に、自ら立候補を断念し、政界よりの引退を決行したのであった。

政界引退

維新以来、吾国は長足の進歩をしたと言へる。しかしこれは外形に於てであつた。それが為め払つた内面的の犠牲は甚だ大なるものがある。吾々は古来武士の間に存在した武士道を失つてゐる。而して失つた武士道に代る何物をも受け入れずに驀地《まつしぐら》に物質文明に向つて狂奔した。その結果は、今や社会何れの方面に於ても欠陥を現はして居る。故に今日、吾々の切実なる要求は、外形に非ずして内面である。物質に非ずして精神である。

武藤にあっては、その「精神」とは、いわゆる「近代産業資本の精神」であり、「ブルジョア民主主義の精神」であったと表現しうるであろう。この旧道徳としての武士道に代るべき新道徳の欠如こそ、戦後の今日においても、更に一層痛感せられるところである。武藤は当時すでにこの病根を鋭くも指摘していたのである。かくて政界の第一線より隠退した武藤は、爾来、国民の政治教育の普及と徹底とに努力することとなった。

第七　新聞界時代の武藤山治

一　『時事新報』入社と「番町会」への筆誅

『時事新報』

武藤山治は、政界隠退四ヵ月後の昭和七年（一九三二）四月、時事新報社の経営を担当することとなった。それは前途の多難を予想せしめたが、彼の社会正義を貫徹するためには絶好の働き場所を得たわけである。この『時事新報』は明治十五年（一八八二）福沢諭吉の創設にかかり、独立不羈《ふき》・不偏不党を標榜《ひょうぼう》しつつ、慶応義塾出身者の手で発展せしめられてきたものである。しかし大正十二年（一九二三）の関東大震災を境に衰運を辿《たど》り、当時の財界の不況をも反映して、赤字経営に悩んでいた。

池田成彬

それをみた池田成彬《しげあき》ら三田の出身者が、「静かに家庭に在って余生を送りたい」

時事新報社時代の武藤山治

と願っていた武藤を説得し、周囲の人々や家族の反対を押切って、無理に引受けさせたものであった。

彼は『時事新報』に関係するや、直ちに「思ふまま」あるいは「月曜論説」の執筆を担当し、社会悪の摘発に縦横の筆陣を張るとともに、経営面でも従来の行掛りを捨てて、営利会社として成立するように一大改革を断行し、予想外の赤字を漸次克服して、二年後の昭和九年(一九三四)には一応、経営を軌道に乗せることに成功した。もちろん、それは従前よりの社員との摩擦を排除してのことであった。この間の事情を、板倉卓造とともに最盛期の『時事新報』を代表した伊藤正徳は、その著『新聞五十年史』で、

伊藤正徳著『新聞五十年史』

次のごとく述べている。

〔武藤山治は〕異常な精励と智嚢《ちのう》とを傾けて、時事の更生に尽瘁《じんすい》した。しかし、まづ紙数の拡張により、収支の均衡を得ようとする実業人としての立場から、伝統的な紙面の風格を一擲《いってき》し、読売に追随する大衆的編輯方針を採用した。恐らくこれは彼の本意ではなかつたらう。一方では経費を節減し、合理化を計りつつ、新しい読者を吸引するために、食ふべき韮《にら》として採つた権道《けんどう》であつた。だが一の生命体たる新聞は、この急激な生活態度の変化によつて体力を増進しなかつた。伝統を格守しようとする従来の幹部――かけがへなき主筆板倉卓造は直ちに去り、編輯局長たりし著者〔伊藤正徳〕も亦去らざるを得なかつた。言論の中正と紙面の品格とによつて時事を支持した旧読者は、その家族的な愛情の冷却するのを如何ともし得なかつた。これと関連して、武藤自身の政治的・思想的立場も急角度を描いて旋回した。

板倉卓造

だが、この表現は、伊藤正徳自身が『時事新報』編輯局長の椅子にあって、武藤の経営方針に反対して辞任したという事情も考慮して読むべきものであろう。けだし、彼の生涯の理想たりし、財閥の腐敗・堕落の糾弾は、何ら彼の「政治的・思想的立場」の急旋回を必要とするものではなかったのである。まことに、武藤の新聞界における最後の偉業は、「番町会」への筆誅《ひっちゅう》である。そして、これは彼の生涯における最も理想にかなった活動であり、生命を堵《と》した努力であった。

「番町会」への筆誅

話は、昭和二年(一九二七)の恐慌時にさかのぼる。当時、台湾銀行が巨額の融資を神戸の鈴木商店におこない、恐慌にあって、同商店は倒産し、台湾銀行は政府の救済で残ったことは前に述べた。この時、鈴木商店の所有にかかる帝国人絹の株二二万余株は借金の抵当として台湾銀行に移り、更に、政府による補償の代償として日本銀行の保管するところとなっていた。

ところが、昭和九年(一九三四)ごろには、繊維業界が活況を呈し、帝人株の値上りが予想されるようになった。これに目をつけたのは金子直吉・藤田謙一らであり、帝人株の買戻しによって巨利を博そうと企てたものである。しかし、台湾銀行が容易に応じないので、いわゆる「番町会」に話しを持ち込んだのである。この「番町会」とは『日本近代史辞典』によれば、「渋沢栄一の隠退後、財界世話役として活躍した郷誠之助を囲んで一九二三年(大正一二)ごろから番町の私邸に集まった財界の若手政商永野護・長崎英造・小林中・河合良成・正力《しょうりき》松太郎らのグループにつけられた名称」である。さらに、斎藤内閣の文部大臣鳩山一郎・商工大臣中島久万吉・鉄道大臣三土《みつち》忠造なども深い関係にあったといわれており、政界と財界との因縁を集中的に表現するものであった。

かくて、鈴木商店一派・番町会グループ・台湾銀行・日本銀行・大蔵省の間に虚々実々の暗躍が展開されている噂が巷間《こうかん》に流れた。そのうち、金子らは番町会グループと株の買受値段で意見が分れ、手を引いてしまった。残った番町会関係のものは、政府への働きかけが効を奏し、一株一二〇円で買受けに成功、その直後帝人の増資が計画されたので帝人株は一五〇円に暴騰したから、文字通り巨利を博すのに成功したのである。出し抜かれた金子らは憤慨し、そのからくりを口外しはじめたのである。これが武藤の『時事新報』によって明るみに出される動機となったのである。

顧みるに、武藤の終始一貫して堅持したものは、いわゆる「社会正義」の貫徹であり、彼の念願したものは、健全な「民主主義」の確立と発達とであった。この意味で、彼ほど恩師福沢諭吉の精神を発展的に継承したものは、他に類例がないであろう。すでに「実業同志会」を率いて、議会において堂々の論陣を張った時にも、政治的腐敗の源泉である「政商」の存在――これは「明治維新」の変革が、いわゆる「市民革命」でなく、「絶対主義」的改革であったことに起因し、その後の日本資本主義の重要な特色をなすものであるが――に対して、これを激しく憎悪し、糾

弾してやまなかったほどである。昭和三年（一九二八）刊行の『通俗政治経済問答』には

『通俗政治経済問答』

政商

「政商」という一項を設け、それに憎悪の念を投げかけ、次のごとく規定している。

実業家の中で、政府と政党の要路の人に近づいて、いろいろの不正なる利益を営まうとする一派の人があります。世人はこれを政商といつております。国家の負担において私利を計る人たちのことをいふのであります。世間で政商といつて排斥するのは、いちがいに御用商人のことを指して非難するものではありませぬ。（中略）普通の御用商人のかもす弊害は多くはないのでありますが、このほかに、政治家と結託して政府の保護救済を受けたり、また銀行・会社をつくつて特権を与へてもらつたり、そのほか種々の事業の特権を受けんとして政府に運動し、政党にすがるやうな人々があります。

番町会を暴く

昭和九年（一九三四）一月、『時事新報』は、武藤の発意によって、この「番町会を暴《あば》く」ことを、堂々「社告」をもって「宣言」したのである。これが、武藤の不

退転の決意によって採り上げられたものであることは、当時の編集局長森田久の「追悼文」によっても知られるのである。

社　告

政党と政商の結託・暗躍はあらゆる社会悪の源となり、遂に五・一五事件を誘発して非常時内閣の出現を見たことは、汎ねく知るところ、然も五・一五事件の洗礼をうけた非常時内閣下に於て、政党・政商はしばらくその爪牙《そうが》を隠して世の指弾《しだん》を避くるに汲々たる折柄、こゝにわれらは、わが政界・財界の蔭に奇怪な存在を聞く。曰く「番町会」の登場がこれである。すなはち彼等はいまや、その伏魔殿にたてこもり、かつて政党・政商がなせるがごとき行為、紐育《ニューヨーク》「タマニー」者流にも比すべき吸血をなしつゝ政界・財界を毒しつゝあるといふ。然もこの「番町会」のメンバーとして伝へられるものに、某財界の巨頭を首脳とし、これを囲繞《いにょう》するものに現内閣の某大臣あり、新聞社の社長あり、政権を笠に金権と筆権を擁して財界と政界の裏面に暗躍する暴状は目に余るものがあり、故に彼等のあくなき陰謀の一端は、さきに商工会議所乗取り、近くは帝国人絹の乗取り、神戸製鋼所株の払下げ、或ひは政民連携運動となつて、世人を戦慄《せんりつ》せしめるに至つた。我等は敢て奇を好むものではない。然も非常時内閣の下、更始《こうし》一新が叫ばれる今日、権力を背景とする不義不正が横行するに対し、言論機関の使命の為めに、断じて黙過すべきではない。よつて本社はこの利権の伏魔殿の陰謀に対し、忌憚なき摘発を加へ、もつて社会の批判に訴へることゝした。

和田日出吉

この「社告」の掲載によって、天下の耳目はために聳動《しょうどう》し、政・財界には重大深刻な波紋を惹起《じゃっき》したのであった。連日の記事は、当時編集局総務の地位にあった和田日出吉の筆になったが、一大センセーションを与えたのであった。それは往年の「シーメンス事件」が、第一次山本権兵衛内閣を倒壊せしめたごとく、この「番町会」の糾弾による「帝人事件」の進展如何は、斎藤内閣の運命を左右するものであろうとまで予測せられたのであった。しかし「番町会を暴く」の偉大な反響は、漸くこれを政治問題化せしめ、更に司直の手を発動せしめる動きまで生ぜしめたため、武藤の身辺の危険を秘かに憂慮するものもあったほどであった。

顧みるに、武藤を、このあくなき暴露と筆誅《ひっちゅう》に駆りたてたものは、ほかならぬ彼の社会正義の実現への情熱であった。そして、これはまた「社会の木鐸《ぼくたく》」としての腐敗政治への挑戦でもあった。彼にいわせれば、台湾銀行を救ったのは、かの「特別融資法」であり、それは国民の税金でまかなわれたものである。従って、台湾銀行の担保物件たる帝人株は、国民共通の財産に外ならない。若《も》し政府に良心があるならば、競売その他の方法で、最も有利に処分し、もって国民の負担を軽減すべき筈である。にもかかわらず、一部資本家の私慾を満たすために利用せられたのであり、その背後には政界と財界の忌むべき結託があるとし、これは正義・公正の観点から絶対に許すべからざるところである、というのである。彼の愛好した「我は悪魔と戦ひて之を滅せんが為に此世に生れたるものなり」という言葉を文字通り実践したのであった。

この筆誅《ひっちゅう》は、社会に大きなセンセーションをまき起すとともに昭和九年（一九三四）四月、検察当局の探知するところとなって、その活動が始まり、かくて、未曽有の一大疑獄事件たる「帝人事件」が明るみに出るに至ったのである。

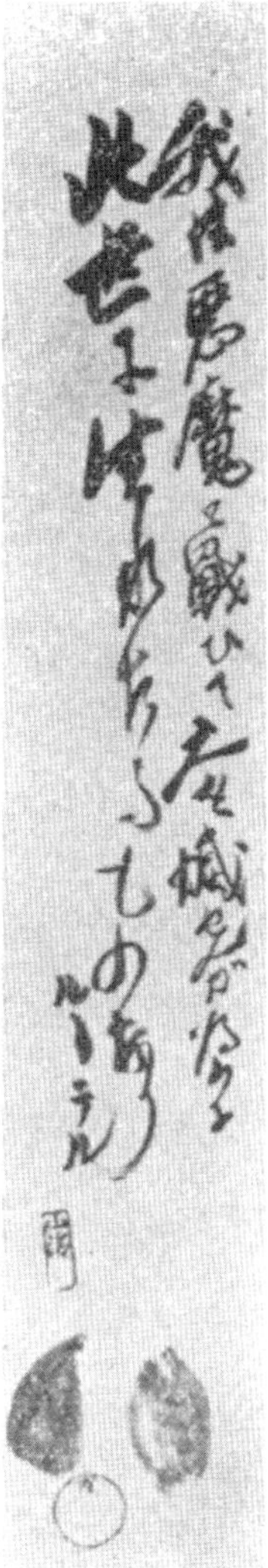

武藤山治の遺墨(1)

我は悪魔と戦ひて之を滅せんが為めに
此世に生れたるものなり
ルーテル　山治

まことに、この「帝人事件」ほど複雑怪奇な疑獄事件はないであろう。この事件には、大蔵省の高級官僚が多数収賄罪をもって起訴され、前大臣二名がこれに連坐するという空前の大事件であり、やがて斎藤内閣の瓦壊の原因ともなって世間の耳目を聳動《しょうどう》せしめた。その公判は、昭和十年（一九三五）六月より同十二年（一九三七）十月まで、二年有半にわたり、二六五回の公判を重ねたのであったが、裁判の結果は、被告全員無罪の判決を下された。しかも、裁判長藤井五郎は、その判決理由に、いわゆる「証拠不十分」でなく、「犯罪とすべき事実なし」と述べているのである。しかし、その間には、司法ファッショの汚名の下に、その主任検事黒田越朗の殉職のあったことおよびその急逝後間もなく、東京において「黒田検事追悼演説会」が開かれて、その殉職が悼まれていることも銘記さるべきである。

　有竹修二著『武藤山治』は、この事件に関する被告・検察双方の関係文献を挙げて、公平な判断を下している。すなわち、この事件に対して、時事新報はある程度の責任を感ずべきであろう。しかし武藤としては、法律をもって、番町会の人々を処断することはその目的ではなかった。裁判の結果、被告がみな有罪となることを、求めるものではなかった。起訴となることすら、強いて求めるものではなかった。新聞として、政党・財界の一部の間に、いまわしい結託関係のあることを、良き民主政治確立の上から、けがらわしいものと考え、その傾向を封ずるのが目的であった。（中略）この事件の真相については、今日のところ、まだまだ十分に究明されていない。あれだけの巨額の株式が処分され、それに伴うて、相当な金が動いているのだから、その間、リベート・コミッションに類したものがあったことは想像にかたくない。ただ、それが必ずしも犯罪を構成するものとはいえない。また当時の検察関係者が、こうした経済取引の実情に疎《うと》く、十分に事実の把握ができなかった嫌いもあった。第一審のみで検事控訴もなかったことゆえ、第一審の判決以上に、公的には、事実の真相を伝えるものがなかった。従って時事新報の記事の功罪を明確に断ずることはできない。が、裁判の結果如何にかかわらず、この記事は有形・無形の効果を挙げた。それは、官界・政界に対する大きな警告となり、民間経済界にも反省を求める一種の圧力となった。ただ、時事が剔抉《てっけつ》した事件を、これこそいい材料として、斎藤内閣瓦解の因をつくりあげるという政治陰謀が現われたことが遺憾であった。が、それは武藤の関知するところではなかった。

いうまでもなく、武藤が、「番町会事件」を採り上げた直接の動機は、「社会悪に対する正義感と、新聞紙の使命に対する責任感にあつた」が、更にその根底には、日本資本主義の向上期における勇敢な指導者であった武藤にとっては、「資本主義の悪を討つて、資本主義を浄化し、これを強化せん」とする強烈な念願があったことは、何等不思議ではないであろう。事実、昭和七年（一九三二）、時事新報社入社の直後に「五・一五事件」が勃発したのであるが、武藤は、「今のやうに政界が濁り切つて居り、経済界が腐つてゐては、こうした事件の起るのも無理はない。政治家は勿論のことだが、財界の連中も今において反省しないと大変なことになるぞ」と編集部員に、しばしば洩らしている。もちろん、それは、一部青年将校のテロリズムを擁護ないし肯定しようというのではなく、腐敗と堕落の淵に陥りつつあった当時の政・財界人に対する反省と自重とを求める一大警鐘であったのである。また、武藤は、三井・三菱のごとき巨大財閥に対しても、強い好意と深い同情とを示し、真実の悪党は、「財閥の一段下の方や世間的に名の知れない方面にある」と喝破しているのである。すなわち、

世間では財閥々々と魔物のやうにいふが、今の三井・三菱の如く基礎が固り、格式が出来てしまつては、そんなに悪いことの出来るものでもなく、またする必要もない。更に今日の財閥の首脳部にゐる人達は、何《いず》れも数千人の使用

人の中から選ばれた人達で、その人格・能力、何れも群を抜くものといつてよい。政党と財閥が合言葉となつて、互に結托して国民の膏血《こうけつ》を吸ふかの如く誤解されてゐるが、それは今の政治・政党の組織が悪いからで、財閥が進んで政党を買収してゐるといふよりも、政党から強制されゝば権力を振つた場合にいぢめられるのが辛《つら》いから、そこは泣く子と地頭で致方がない。要するに政治が改まり、政党が浄化されることが急務で、財閥を責めるのは無理である。財閥そのものは悪いことをせぬばかりでなく、その首脳の人達は、個人的に見て、稀れに例外はあつても、素行上非難されるやうな人は先づないといつてよからう。それが財閥であり、その幹部であるが為めに、悪魔の如くに看做されて、暗殺団のブラック＝リストに載る如きは全く可哀さうだ。悪い奴はこれらの財閥の一段下の方や世間的に名の知れない方面にある。

すでに指摘したように、武藤こそ、恩師福沢の精神を最も忠実に、且つ時代的発展において継承した代表的門下生であった。かつて犬養内閣の時、貴族院勅選議員に推されたが、「私は福沢の弟子でそんなものは嫌いです」と、固辞して遂に受けることがなかった。しかも、初期資本主義の下にあって、語の正しい意味において「個人主義」「自由主義」「民主主義」を体得した武藤にとっては、いわゆる「政商」資本家とそれに吸着する悪徳商人の跋扈《ばっこ》と跳梁《ちょうりょう》とは、その正義感から、これを到底看過し去ることは許されなかったのである。

遭難直前の武藤山治夫妻（昭和9年2月19日）

この武藤の投じた正義と純潔のための一石は、社会的にも、政治的にも、また思想的にも、一大センセーションを惹起したのであった。しかしながら、その波紋の行方を武藤は自ら確認することはできなかった。すなわち、昭和九年（一九三四）三月九日、正体不明の一兇漢の拳銃は、この偉大な正義の士を、永遠に地上から葬り去ったのである。

二　武藤山治の遺言とその遭難

昭和六年（一九三一）八月、武藤は秘かに「国民同志会」に宛てて「社会に対する遺言」なるものを書いていた。それは、昭和九年（一九三四）三月、かの不慮の凶弾に倒れたのちに、その篋底《きょうてい》より発見され、『武藤山治氏追悼号』の巻頭を飾ったものである。

「社会に対する遺言」

社会に対する遺言

予は今この世を去るに臨み、吾国家のため、世の中の総ての人々が最も速に目醒めん事を望み、左の通り書き遺《のこ》すものなり。

第一、皇室の藩屏《はんぺい》たる貴族の覚醒を切望す。畏れ多き事ながら、吾が皇室は無偏無党億兆に降臨して、人民はその一視同仁の御大徳を仰ぎ奉るべきものなり。此の神聖にして国民が人心の中心と仰ぎ奉る皇室の藩屏たる貴族が皇恩に酬いんと欲するならば、貴族院に拠つて政党政派に与《くみ》し政治の局に当る事は皇室に累を及ぼすものなれば、厳に慎まれむ事を切望す。

第二、各派の宗教家に望む。宗教は国民思想の上に最も偉大なる力を有するものなるは言ふを待たず。今や世の進歩と共に国民の生活状態次第に変化し、其の思想は常に矯激《きようげき》ならむとするの傾向あり。斯の時に当り、吾各宗派の人々は単に未来を説くのみならず、現在の国民生活上に特に意を注ぎ、種々公共の設備をなし、世の不幸なる人々に向つて、良く精神的に慰安を与ふるのみならず、物質的にも其困苦を和《やわ》らげ之が救済の途を講ぜられむ事を希望す。亦《また》国民中余裕あるものは各其分に応じ、此等宗教家の社会公共事業に向つて十分なる援助を与ふるに吝《やぶさか》ならざらむ事を願ふ。

第三、学者は漫《みだ》りに過激なる新思想を無造作に公表することを慎まれむことを望む。学者が自分の書斎に於て如何なる新説を研究するも自由なり。然れども之を直ちに世間に向つて公表することは学者の徳義に反するものと思惟《しい》す。是は医学者が未だ研究室に於て試験中にて十分なる確信なき薬剤を世間に売り出すと同一なり。思想研究の学者なども危険なる思想に対しては漫《みだ》りに研究中の意見を公表すべきものに非らず。世の中には意志の未だ定まらざる青年多し。予は重ねて切望す。学者が国家社会に対し、自己の重大なる責任の地位にあることを自覚せられむ事を。

第四、世の大富豪初め一般資産家に覚醒を望む。世の中は次第に民衆的に進みつゝあり。然して民衆は正義を要求す。正義とは自己の欲せざるところを人に施さざるにあり。諸君の一挙一動は自らの利益のためのみならず、同時に他人の利益と一致するものならざるべからず。金儲《かねもうけ》の術は道徳の天則と相反すると思ふは大なる間違ひなり。就中《なかんずく》慎むべきは政治家と結託して利益を計る事なり。大富豪・大資本家の中にかゝる不道徳者の有るを見て見ぬ振りをなさば、やがて僅かなる者のために、資本家全体が社会反感の的となりて、自らも不幸を来す事となるべし。故に時勢の変化に覚醒し、昔日《せきじつ》の如く自己さへ正直であればといふ考への誤れるを自覚して、己れを正しくするのみならず、世の中の総ての人を正しくする事に尽力する事が、自己のためであり社会公共のためである事を自覚せられむ事を忠告す。

第五、労働者諸君に望む。諸君は資本と労働の関係を十分に研究せられたし。資本と労働は車の両輪の如し。英国の労働者は経済の事を良く研究し居れり。

諸君も良く経済を研究せらるゝならば、必ずや大に自重せらるゝところあるべし。希《ねが》わくは此の忠告を容れられむ事を。

第六、政党政治家諸君に望む。諸君の目的は多くの代議士を集め政権を獲得するにあつて、諸君の地位は自己の良心と党利党略の間に立ちて可なり苦心存するあるは明らかなり。然しながら玆《ここ》に忠告せんとする処は、諸君最唯一の途は良心の支配を受くることなり。党利党略のために良心を売るは最も忌むべきことなり。人は良心に従つて行動するほど快きことはなし。諸君よ、良心を売つて得たる勝利よりも、良心に背かざる敗北が遙かに愉快で且つ貴きものなるを思はざるべからず。神は高き処より諸君の行動を監視しつゝあり。人は必らず一度は神の裁判の前に立つ時の来ることを忘るべからず。

尚ほ言はんとする処多々あるも、若し幸に以上予の希望の幾分にても達し得らるゝならば、予は快く地下に瞑するものなり。

『東京日日新聞』

武藤なき後の日本は、彼が憂慮していた通りの途をたどった。彼の立て直した『時事新報』が、昭和十一年（一九三六）『東京日日新聞』に合併されたごとく、日本資本主義は完全に軍部を中心とするファッシズムに従属せしめられ、海外侵略へと駆りたてられ、遂に「大日本帝国」そのものを破滅へと追込んだのであった。

武藤山治の遺墨(2)

野鶴出群鶏

遭難

しかし武藤は、階級闘争は嫌悪したが、労働者を熱愛しながら、産業資本家の道を歩んだ。しかも彼は、「千万人と雖も我行かん」の気慨をもって、当時、資本家階級に属する者の一人として、その立場より、ぎりぎりの限界まで「反体制」の態度を貫ぬいたものといえよう。それはまた落日を背に受けて広野の中に立つ一本の巨木の姿にも似た、美しくもまた孤独な姿ではなかったであろうか。

武藤山治の遭難の模様は、当時の新聞によれば、次のごとくである。

前鐘紡社長、現時事新報相談役武藤山治(六八)氏は、昭和九年三月九日午前九時十分ごろ、時事新報社に出社すべく秘書青木茂(二三)氏を伴い、神奈川県大船町山ノ内の別邸を出て、北鎌倉駅へ向ふ途中、約一丁先の畑途にさしかゝつた際、突如紺の外套に縞ズボンの壮漢が現れ、矢庭にかくし持つたコルト式短銃をつきつけた。これを見た青木秘書が武藤氏をかばわんとするや、たちまち一弾を腹部にうけて即死、ついで兇弾を武藤氏に浴びせた。武藤氏が頸部、右下腹部、右足脛部等に受けてその場に昏倒したとみるや、怪漢は銃口を己れの口中に向けて発射し自殺を遂げた。この騒ぎを聞きつけた附近の人々の急報で鎌倉署より係官出張、現場を臨検する一方、虫の息の武藤氏を鎌倉材木座一四三七の大庭病院に収容手当を加へた。生命危篤である。犯人は取調べの結果、福岡市須崎堤町生れ、荒川区尾久五ノ一二〇八福島新吉福島新吉（四一）と判明した。

大庭病院に運ばれた武藤は、一時小康を得たが、翌十日午後九時二十分、夫人千世子・次男金太・三男絲治田鶴子夫妻・長女中上川蝶子・八木幸吉二三子夫妻・鐘紡社長津田信吾らにみとられて静かに永遠の眠りにつき、多彩を極めた六十八歳の生涯を閉じたのであった。

何故に武藤は暗殺されたか。事件当事者は、彼をはじめ秘書・犯人いずれも死亡してしまったため、真相は今もって一つの謎に包まれている。しかし当時、彼が『時事新報』にあって、「番町会事件」の糾断に渾身の努力をしていた折であっただけに、世間の目は当然そこに向けられたのであった。事実、鎌倉警察署は、「番町会」の関係者を喚問《かんもん》し、その背後関係を洗ったのであった。しかし、何者がこの狂気じみた犯人を唆《そその》かして武藤を襲撃せしめたかは判明せず、犯人福島の火葬場問題をめぐる「私怨」ということで、遂に捜査は打切られたのである。しかも、武藤の火葬場公営論を、福島が、自説の剽窃《ひょうせつ》であるとして、金を強請した事実があったが、それが果して暗殺の原因であったか否か疑問である。ただ、後に、脅迫状の発見されたことは、武藤を恐れ、彼の死によって最も利益のあったものは誰であったかを暗示するもので、その実状はおよそ推察し得るであろう。

なお、この武藤の遭難に殉じた臨時秘書青木茂のことも銘記されなければならない。彼は、佐久間秘書の代理として、武藤に随伴し、身をもって武藤を擁護せんとして、凶弾を受けて即死したのであった。享年二十三歳であった。当時、警官さえも、その沈着と勇気に驚き、社会の各方面からその殉死を悼まれた。

武藤の『時事新報』入りは、恩師福沢の創立にかかる同社を起死回生せしめ、更に、彼が政界において達成し得なかった既成政党の打破、政商の排撃および政界の浄化の諸目的を実現せんとするものであった。しかも、その宿望は、実現の途上において、憎むべき凶弾に仆《たお》れて遂に挫折の悲運に遭遇したのである。昭和九年(一九三四)三月二十一日号の『ダイヤモンド』誌は、「武藤山治を悼む」の追悼文を掲げている。すなわち、

『ダイヤモンド』


鎌倉に於ける武藤山治の遭難は、近時頻発する兇変沙汰の中にも、言論界稀有の出来事として、世に異常な衝動を与へ、挙げてその死を悼まざるはないが、我等は同業知己の一員として、特に傷心愛惜の情に堪へない。

武藤氏は時事新報社に入つて、僅かに一年十ケ月。本来文筆の人に非ざるに拘らず、或は論壇に、或は随筆に、曾つて一日として筆を措かず、六十八歳

の高齢を以て、一意彼の難事業に傾倒したその熱意とその気魄、操守何ものにも屈しないその態度とは、当代稀に見る偉才であつて、新聞人として確かに一種の異彩であつた。然かも新聞のこと、もともと武藤氏の素志ではなかつたのである。関係者の懇請否み難く、翻然はじめて快諾したと聞くが、当時専らその衝に当つた福沢桃介氏は、反覆勧説数時間、病後の福沢氏は遂にその場に卒倒したと伝へられる。その劇的な光景を想見すれば、意気に起つ武藤氏の面目躍如たると共に、入社決意の心中のほども、また察するに余りある。武藤氏の横死は偉人の最後を飾る悲劇として、吾等は大いにこれを壮とせざるを得ない。実業界における武藤氏の功蹟は、今更こゝに説くまでもない。夙に政界の浄化を志し、さきに国民同志会を組織して、自らも政界へ出馬したが、事志と違ひ、晩年政界を引退してよりは、専ら余生を政治教育に注ぎ、よつて国家報公の意を致さんことを念とした。一度時事の入社を説かれるや、伝統の新聞を見捨てるに忍びず、こゝに福沢氏の卒倒となり齢古稀に近く、敢て彼の難局に当つたのである。人生行路の曲折、恐らく武藤氏自身と雖も、運命の奇なるに、無量の感があつたであらう。即ち新たに発奮の勇を揮つたものと察せられるが、入社決意の一面には新聞言論の力に依つて、別に素志の貫徹を期したものと推量される。

翻つて近時の世相を顧みるに、政界・財界に醜怪事の続出し、人心険悪遂に幾多の不祥事件が発生した。邦家の為め深憂に堪へない次第であるが、斯かる世相に直面しては、さきに武藤氏の起した浄化運動が、今において崇高の意義あることを思ひ、その運動の中道に蹉跌したことを、遺憾至極とせざるを得ない。犯行の動機が何であつたかは、今こゝで問ふところではない。吾等は新聞人として遂に言論に殉じた武藤氏の最後を壮とすると共に、今日かゝる人を喪ふたことを悲しむ。

三　武藤山治の昇天と告別式

昭和九年(一九三四)三月十日午後九時二十分、俄かに昇天した武藤山治の遺骸は、その夜おそく鎌倉の別邸に運ばれ、近親者によって涙のうちに通夜が営まれた。『公民講座』第一一四号を特集した『武藤山治氏追悼号』は、その情景を次のごとく記している。すなわち、

二階の寝室の鏡の前には毎朝武藤さんが使ひ慣された安全剃刀が鈍く光り、箪笥には千世子夫人が心尽しの着物等が躾《しつけ》のまゝでその主を失ひ、悲しき形見となつて重ねられ、遺族の人々の涙をしぼつて居た。訃《ふ》を知つた弔問客は深い憂愁の家へ引きも切らず、弔電は見る間に山と積まれた。弔花は室外を埋めて偉人の死を香気で包んだ。遺骸は故人愛蔵の雪舟作山水の六曲二双の屏風と、遭難六日前に故人が自ら描かれた絶筆の吉野桜の小屏風とで、三方

『武藤山治氏追悼号』

を囲まれ、その側近に端座して寸時も離れやうとせられぬ千世子夫人と喪主金太氏等の姿が深く項垂《うなだ》れて居る。

納棺式は十二日夜——此の夜は早春の空寒く、星なき空からは地上の悲しみに和するが如く、寂しくも静かに粉雪が散り出した。白羽二重の長襦袢《ながじゆばん》に白羽二重の重ね、袴、これに同じく白羽二重の羽織、足袋——これ等が武藤さんの最後の旅の装束だつた。千世子夫人の心遣で故人愛用の品々が取揃へられ、「お時計はいつも枕の下にお入れになつた」とハンカチーフと共に懐中時計は枕の下へ、シガーケースは右の袂《たもと》へ、眼鏡は左の袂、この他生前の愛読書と共に、千世子夫人の写真等が納められ、近親者の告別があつた。武藤さんの眠れるお顔は、些《いささか》の苦痛もなく、その生前の温顔に笑《えみ》さへ含まれたかと思はれる程、安らかな、静かなものであつた。

武藤は、すでに早くキリスト教的信仰を抱き、世の実業家達が、社交的宴会に夜の時間を空費する愚を避けて、静かに家庭にあって、研究と静養に費すことを常とした。この人格・識見・愛情の三つを完備した武藤の急逝は、「琴瑟《きんしつ》相和す」と謳《うた》われただけに、賢夫人千世子の悲しみは測り知れないものがあったであろう。納棺の時、その悲しみを一首の和歌に託して「いつの日かまた逢ふまでとこの衣《きぬ》に　わがたましひをそへまゐらせん」と追慕哀悼しているのである。

故武藤山治の告別式は、三月十六日、大阪大手前の国民会館において本葬が営まれ、同時刻に、東京丸の内の時事新報社においても告別式が営まれた。本葬は鐘淵紡績株式会社の社葬の形式をとり、葬儀委員長は、社長津田信吾であった。この会場の国民会館こそ、武藤が、政治教育の殿堂として、私財数十万円を投じて、設立した記念すべき殿堂であり、しかも昭和八年六月十四日に開館式を挙げて以来、繁忙のため、ようやくこれが二度目の哀しい来館となったのであった。

祭　文

津田信吾

祭文
（津田信吾）

維時《これとき》、昭和九年三月十六日、鐘淵紡績株式会社相談役故武藤山治氏の社葬を営むに際《あた》り、謹み畏《かしこ》みて霊前に白《まう》す。

故武藤山治氏は慶応三年三月五日岐阜県海津《かいづ》郡海西村の名家に生まれ夙《つと》に令名あり。後慶応義塾に学び米国に渡り螢雪《けいせつ》の苦を積み、明治二十年帰朝せらるるや直ちに『米国移住論』を著はし海外移住発展を主張せられたるが如きは亦以て氏の面目を窺《うかが》ふに足るべし。明治二十三年三井銀行に入り、同じく二十七年鐘淵紡績株式会社の人となり、爾来四十年間全生命を傾倒して鐘紡経営の衝《しょう》に当らる。其間刻苦精励一度《ひとたび》意を決するや万難を排し勇往邁進誓つて目的を達せずば止まず。今日当社の有する総ての施設と其特質は悉く武藤氏独得の創意に係かれるは驚くべき事例にして、着想嶄《ざん》新《しん》常に時流を抜けり。武藤氏の事業に対する信念は国民経済の大局より出発し、理性を経《けい》とし人情を緯《い》とせられたるものゝ如く、而も其間一点の邪心なし。公明正大は氏の本領にして其人格神に近しと謂はんか。此巨人が足跡の印する処必ずや香気あり、生命の躍動を見る亦故なきにあらず。鐘淵の至宝とするところは金力に非ず、又機械に非ず、実に武藤氏により立されたる聖なる社風なり、鐘紡の興廃は此聖なる社風の興廃に懸れり。武藤氏は常に空論を排して実行を説き、毀《き》誉《よ》褒貶《ほうへん》を意とせず自ら真理の探究を以て任ぜり。我国実業界其人に乏しからざるも実に国家を念とし正論を吐き実行に移さんが為には権門を怖《おそ》れず得《とく》失《しつ》利害を超越して躍進亦躍進千万人と謂《いえど》も吾往かんの大勇を有するもの氏を措《お》いて果して幾人かある。我国憲政布《し》かれて実に四十余年、議会政治の余弊漸く繁く、之れが浄化を図《はか》ると共に経済意識を政治に注入し国民経済の進展を政治の根本策たらしめざれば国運の隆昌期すべからざるを慨し、大正十二年実業同志会を組織し経済・政治革新の烽火を揚げ全国を遊説し、以て経済・政治教育の普及を図り、議会に於ては堂々経済政策を論じ議会に経済的政策なるものを注入創造せしめたるは同氏の偉功たりしと同時に国家に対する功労枚挙に暇あらず。

昭和七年五月時事新報社の経営を托せらるゝや、恩師福沢先生の遺業を護る為老軀を提《ひっさ》げ敢然として破邪顕正《はじゃけんせい》の筆陣を張り、警世の金言日々の紙上を飾り、新生面を開拓しつゝ一意報国の至誠を尽して敢て余念なかりき。斯る尽忠至誠の巨人に対して何を以て酬《むく》ふべきか。図らざりき三月九日突如として伝へられたる悲報は世を驚かし、翌十日全国民の厚き同情と最善の努力も甲斐なく終《つい》に永眠せらる。嗚呼《ああ》悲しい哉。

故武藤山治氏は鐘紡中興の祖、徳は千載《せんざい》不朽なり。生等後継従業員一同今や幽明境を異にし悲痛極りなし。故武藤山治氏は現代日本無双の偉人なり。今吾等は此英雄を喪《うしな》ふ、現代日本の大なる損失に非ずして何ぞや。

故武藤山治氏の貴き存在は此兇変により何等毀《こぼ》ち得るものに非ず、輝かしき故武藤山治氏の光明は後世の史家を待たずして瞭《あきら》かなり。大慈・大悲は武藤山治氏の本体なり。武藤氏は個人に対しては絶対的の博愛主義を以て臨み、公人に対しては正義に立脚し飽く迄積極主義を以て終始せられたるを以て、往々にして誤解を招けり。殊に関東在住僅に二年、而かも多事多難の秋《とき》を迎へ玉の如き巨人の全貌を示す機会到来せずして此兇変に遭ふ。只々昊天《こうてん》の無情に慟哭《どうこく》するのみ、哀《かな》しい哉。

茲に社葬を以て我社大恩人の霊を祭るに当り、特に此国民会館を以てしたる所以《ゆえん》は、此国民会館は武藤氏が余生を托さるべき政治教育事業の本拠として予定せられたる紀念物なりしが為なり。此殿堂竣工後僅かに一歳に過ぎずして今其主人を失ふ、嗚呼悲しい哉。

感慨愈々切に追懐益々深く綿々の情禁じ難きも、凶変も鉄石心を有する武藤氏の前には何等の威力とならず、英霊天国に凱歌を奏し給ふ、明かに勝利なり。氏の偉業は永遠の生命なり。

著書と言論は夥《おびた》だしき数に達せり。之等金玉の文字は不磨の真理を久《く》遠《おん》に伝ふべき燈明台たるべし。

武藤氏の遺墨に「死は神の一大事業なり」の一節あり、氏亦瞑《めい》すべきか。又曰く、「行《おこない》正しければ眠《ねむり》平かなり」と。聖なる英雄武藤山治氏は今我国が有する唯一人者《ゆいいちにんしゃ》として神より召されたまふ。偉大なる故人の余光を為し感極りなし。茲に社友一同相謀《はか》り謹みて英霊を慰め奉る。

昭和九年三月十六日

鐘淵紡績株式会社

社長　津田信吾

弔詞

武藤山治君わが時事新報を提げて敢然社会の害悪と戦ひ、遂に兇弾の殪《たお》す所となりぬ。創立者福沢先生が開化啓蒙の教は屢々《しばしば》刺客《かく》の目標たりしも殺伐の時代尚ほよく其難を免れしに、図《はか》らざりき君が破邪顕正の筆の故に昭和の聖代に於て玆《ここ》に命《めい》を落さんとは。壮烈なる言論の殉教者にして光栄ある正義の戦死者たること、君に於て固《もと》より素懐《そかい》とする所なりしならんと雖も、悲しい哉、人類は良心の選手を失ひ、祖国は熱誠の国士を奪はれ、我社は偉大なる統卒者を天国に送れるなり。慶応義塾に学びては独立自尊の精神を終身躬行し、鐘淵紡績会社を経営しては日本綿業世界制覇の今日を致す。政界の革新に志しては進んで国民同志会を率ゐて実際政治に馳駆《ちく》し、退いて政治教育に一生の師表《しひよう》たり。高潔なる人格、卓越せる才幹及び烈々たる気魄《きはく》は、君の生涯に於て最も渾然《こんぜん》たる融合と最も赫々《かくかく》たる表現を見るものと云ふべし。君夙《つと》に福沢先生の師恩を念とすること篤く、先生の遺業たる我時事新報社の協議員・大株主として久しく後援を吝《おし》まざりしが、昭和七年四月つひに推されて経営を担当するや、爾来二箇年間一身にして社長たり、記者たり、広告員たり、販売員たり、事務員たり、或は工場員たり。老軀を挺し心血を濺《そそ》いで社業に投じ、遂に生命をも之が為に擲《なげう》つに至れるなり、悲しい哉。

一粒の麦なほ死して多くの実を結ぶ。況んや君の如き大丈夫にして君の如き壮烈なる最期を遂げたるもの、豈国家社会と我社業に多大の収穫を齎《もたら》さずして已《や》まんや。恐らく悪に敵する勇気を同胞国民の胸奥に点ずると共に必ずや我社業の前途に幸せん。今や時事新報中興の勢駸々《しんしん》たるものあるや偏《ひとえ》に君が恩なり。我等其業を継ぐ者君が非業《ひごう》に会して切歯《せっし》痛恨すと雖も、徒らに悲傷するは君の志にあらざるべし。即ち正に一心協力君が遺志を紹述《しょうじゅつ》し、君が勇猛心を継承し、君が殉難による多大の収穫を収めて、君が在天の英魄《えいはく》に手《た》向《む》くる日の近からんことを期し、茲に永訣《えいけつ》に臨んで君が尊霊に告ぐ、希《こいねがわ》くは饗《う》けよ。

昭和九年三月十六日

時事新報社取締役会長

門野幾之進

その他、多数の弔詞は、いずれもこの先駆者の偉大な功績を讃え、不慮の遭難に対して痛憤と哀惜の至情を披瀝《ひれき》したもののみであった。

舞子石谷山の墓所

墓所は、故人が最も愛した舞子の石谷山の丘に定められた。それは眼下に瀬戸内海の紺碧《こんぺき》の海を望み、淡路島が指呼《しこ》の間に浮ぶ形勝の地である。小高い土饅頭《どまんじゆう》の中央に、高さ一丈二尺、横五寸、木の香も新しい檜の大墓標が建てられた。その表面には「武藤山治之墓」とあり、裏面には「昭和九年三月十日永眠、享年六十八歳」と書かれていた。その墨痕も鮮かな文字は、津田信吾の筆になるものであった。不慮の遭難に、最愛の夫を喪《うしな》った未亡人千世子は「かたるべき君はいまさず山荘は　春日うらゝに海静かなり」と、そのありし日を偲んでいるのである。

むすび

武藤山治は、近代日本の生誕に先だつ僅かに一年に当る慶応三年(一八六七)に呱々《ここ》の声を挙げ、明治・大正・昭和の三代にわたって、日本資本主義の育成と発達とのために、その六十八年の生涯を捧げて悔いることはなかった。しかも、彼は、日本資本主義の破滅への第一歩ともいうべき「満州事変」後の軍部の国政への容《よう》喙《かい》と政財界の腐敗に対して、「千万人と雖も我行かん」との気概をもって、堂々たる論陣を張り、一切の不正に対して筆誅《ひっちゅう》を加えて憚《はばか》るところがなかったが、遂に、そのために兇漢の狙撃を受けて不慮の最期を遂げた。まことに、彼こそ偉大な予言者であり、稀にみるヒューマニストであり、また愛国者であった。

偉大な予言者

家庭における武藤山治

家庭における武藤は、文字通り良き夫であり、良き父であった。夫人千世子との間に、三男三女があったが、長男銀太のみが夭折《ようせつ》している。長女蝶子は、武藤が尊敬していた中上川彦次郎の三男中上川三郎治に嫁《か》し、次女二三子は、武藤の「実業同志会」以来の股肱《ここう》であった八木幸吉（参議院議員）に、三女勝子は、吉沢清次郎（元駐印大使）に、それぞれ嫁《とつ》いでいる。また、次男金太は、欧州留学後、ギリシア美術の研究に没頭し、三男絲治が、武藤の衣鉢《いはつ》を継いで、鐘淵紡績社長となり関西財界の重鎮となった。絲治は、父武藤と同じく、福沢の精神に憧れて「慶応義塾」に学んだが、大正十三年（一九二四）七月から昭和四年（一九二九）四月まで約五ヵ年間イギリスに留学し、ロンドン郊外メイドンヘッドの「ファンレー塾」に入塾して、巨匠オールダージョウの薫陶《こんとう》を受けた。これは武藤が、自ら念願しつつ遂に実現し得なかった理想を、絲治をして達成せしめた深い親心であった。

武藤山治

武藤絲治著『糸ぐるま随筆』

武藤絲治著『糸ぐるま随筆』には、「父の肖像」と題する次の一文がある。

父は二面の性格をもっていた。どこまでも強かった反面、非常に情けもろいところがあった。外に対しては、いつも社会正義ということが先に立っていたから、鐘紡の経営方針でも、営利よりは道義に立脚することを信条としていた。政治に乗り出したのも、もともと崩れかけた社会正義を興すためであった。だから、父からみれば、大衆は当然父に味方するものという気持だったらしい。のち時事新報に筆をとっても、その気持は何等かわっていなかった。大衆の味方を信じ、最後の勝利を信じて、最後の時まで社会正義のために闘ったのである。その結果は不慮の死を招いたが、父は悔を残していないと思っている。家庭における父は、まことに寛大であり、思いやりが深かった。アメリカ風の徹底した自由主義者であったから、子供のしつけに対しても、人格を尊重し、日常決してやかましく事々に干渉するようなことはなかった。しかし正しくないことに対しては、少しも仮借することなく相手の反省を促がした。

顧みるに、彼は、その幼・少年期より進歩的自由主義者として開眼《かいげん》せられ、長じて「慶応義塾」に学んで福沢諭吉の薫陶《くんとう》を享《う》け、更に十九世紀末の自由国アメリカに学ぶことによって、他日産業資本家として雄飛すべき素質を培《つちか》いつつ、その正義と自由への愛着は、いまや不抜の信念となったのであった。この意味において、彼は、この不幸なる運命の前にも、莞爾《かんじ》として瞑目したものであると確信する。しかも、彼の最も憂慮した「大日本帝国」の破滅の日は、その歿後十年余にして遂に到来したのである。

昭和二十年(一九四五)八月十五日、「第二次世界大戦」の一環としての「太平洋戦争」は、幾百万の貴い人命を喪失し、主要都市の大半を焼土と廃墟に化して、漸く終結したのであった。そして、武藤が夢寐《むび》にも忘れなかった日本の近代化ないし民主化が、日本人の主体性においてではなく、連合軍の占領政策の至高命令によって達成せられなければならなかったことは、かえすがえすも遺憾である。しかも、キングスレーの「北東の風」

終戦以来、すでに十八年の歳月を経過せんとして、物質的には一応の繁栄を見つつあるというも、精神的には徒らに頽廃と汚濁との泥沼に陥りつつあることは、故人の霊前に深く懺悔《ざんげ》しなければならないところである。

因みに、戯曲「北東の風」の名は、彼が最後まで熱愛した資本主義の祖国イギリスの文学者キングスレーの「短篇」に因《ちな》むものであり、しかも、彼は、キングスレーとともに、イギリス人の嫌悪《けんお》する「北東の風」を讃して、その著『実業読本』の中に、その訳詩を掲げているのである。いま、武藤みずからの手になった訳詩の全

「北東の風」第四幕（新協劇団所演）

文を引用することによって、この不世出の一実業家の輝かしい足跡を偲《しの》び、その冥福を祈るものである。

香《こう》ばしき南風《なんぷう》をして　吾国の腰を吹かしめよ
その間に　怠けた伊達《だて》男は　貴女《きじょ》の胸裏に温められん
心と筆とを軟らぐるの外　彼将《は》た何んの為す所ぞ
堅忍なる英国人を育成したるは　激しき灰色の天候なりけり
去りながら　飛雪粉々たる黒き北東風は
吾が堅忍不抜の英国人を　此の世界中の海上に駆逐す
来れ　且つ吾等を強からしめ
ヴァイキング（昔の北方の海賊の名）の血を激《げき》せしめよ
瘤《こぶ》と筋《すじ》とを引締めて　吹けよ汝　神の風よ

略年譜

年次	西暦	年齢	事蹟	関係事項
慶応　三	一八六七	一	三月一日、尾張国海部郡鍋田村松名新田の母の実家佐野家にて誕生、生家は、岐阜県海津郡海西村蛇池の佐久間家であり、父佐久間国三郎、母たねの長男である○九月、紀州藩浪士、佐久間家に乱入	大政奉還・王政復古○鹿児島紡績所設立
明治　五	一八七二	六		学制頒布・徴兵令○鹿島紡績所設立
六	一八七三	七	岐阜県今尾町小学校入学	地租改正
一〇	一八七七	一一		西南戦争
一一	一八七八	一二		官営模範工場の設立はじまる
一三	一八八〇	一四	五月、慶応義塾に入学	財政制度の整備進み不況深刻化す
一五	一八八二	一六		紡績連合会創立
一七	一八八四	一八	七月、慶応義塾卒業	自由党解党○群馬事件・加波山事件・名古屋事件・秩父事件起る
一八	一八八五	一九	一月、留学のため渡米、サン=ノゼーのパシフィック=ユニバーシティにて苦学す	日本郵船会社創立（共同運輸・三菱合同）

明治一九	一八八六	二〇		東京綿商社（鐘紡の前身）設立
二〇	一八八七	二一	帰国直ちに武藤と改姓○新聞広告取扱所および博聞雑誌を開業○『米国移住論』を上梓○ジャパン〃ガゼット社に入社○後藤象二郎の秘書となり、大同団結運動に加わる	保安条令公布
二一	一八八八	二二	東京イリス商会に入社	
二二	一八八九	二三		鐘淵紡績会社と改称
二三	一八九〇	二四		中上川彦次郎三井入社、改革に着手○紡績第一次操短実施
二五	一八九二	二六		紡連、職工争奪防止を強化す
二六	一八九三	二七	一月、三井銀行入社○七月、神戸支店副支配人に就任	
二七	一八九四	二八	四月、鐘紡入社、兵庫分工場支配人に就任	八月、日清戦争勃発
二八	一八九五	二九	四月、渥見千世子と結婚○鐘紡兵庫工場の建設に当る	四月、下関講和条約締結
二九	一八九六	三〇	一〇月、兵庫工場操業開始○中央同盟会との間に職工争奪をめぐる紛争起る	経済界戦後反動により不況
三〇	一八九七	三一	二月、岩崎弥之助の仲裁により紛争解決、鐘紡同盟会に入会	一〇月、金本位制実施

三二	一八九九	三三	鐘紡支配人に就任	五月、紡連操短実施、以後年中行事となる○大紡績による資本集中始まる
三三	一九〇〇	三四	金融難に陥り打開に腐心す	五月、義和団事件勃発、経済界混乱
三四	一九〇一	三五	一〇月、中上川彦次郎死す○『紡績大合同論』を著す	五月、社会民主党結成、即日禁止
三五	一九〇二	三六	合併により九州一帯の紡績を鐘紡の手中に収める	一月、日英同盟調印○貿易出超となる
三六	一九〇三	三七	見本および懸賞試験により宣伝につとめる○六月注意箱の設置、雑誌の発行を始める	農商務省『職工事情』を刊行
三七	一九〇四	三八	金融の依頼を三井銀行に断られ三菱銀行より融資を受く○織布試験場を設け機械の比較試験を行う	二月、日露戦争勃発
三八	一九〇五	三九	織布兼営を実施す○五月、鐘紡共済組合設立○三井銀行鐘紡株売却、呉錦堂買取る	九月、ポーツマス講和条約調印○日比谷焼打事件
三九	一九〇六	四〇	鈴木久五郎の鐘紡株買占事件起る○鐘紡退職	
四〇	一九〇七	四一	鐘紡倍額増資○鈴木久五郎破産、鐘紡株安田銀行の手に帰す	株式暴落、企業の合併進む
四一	一九〇八	四二	一月、鐘紡に再入社、専務取締役に就任○一月、外資導入に成功す	政府、国債償還により金融緩和を図る
四三	一九一〇	四四	五月、藍綬褒章を受く	
四五（大正一）	一九一二	四六	紡績四一社中、大阪・三重・鐘淵・富士瓦斯の四社で資本総額の四八・八%を占む	明治天皇崩御○大正天皇践祚

大正 三	一九一四	四八	軍事救護法の実施に努力す	七月、第一次世界大戦勃発
四	一九一五	四九	一一月、正六位に叙せらる	世界大戦により経済界未曾有の好況
五	一九一六	五〇	鐘紡漂白染色加工に着手、多角経営に乗出す	六月、工場法施行令公布
七	一九一八	五二	鐘紡研究所設立○配当七割に達す（大正十二年まで）	八月、シベリア出兵、米騒動起る○一一月、第一次世界大戦終る
八	一九一九	五三	一月、大日本実業組合連合会設立、委員長に就任○一一月、ワシントンにおける第一回国際労働会議に雇主側代表として出席、『鐘紡従業員待遇』編纂配布す	戦後景気、企業投機に熱中○このころより労働運動左翼化す
九	一九二〇	五四	河上肇との間に論争起る	恐慌勃発
一〇	一九二一	五五	三月、『政治一新論』を著わし、政党政治の浄化を図る○七月、鐘紡取締役社長に就任す	首相原敬刺殺さる○日英同盟廃棄
一一	一九二二	五六	八月、日銀総裁井上準之助弾劾に乗出す○このころより政界進出を決意す	四月、株式崩落、不況慢性化す
一二	一九二三	五七	四月、実業同志会創立、会長に就任す	九月、関東大震災起る
一三	一九二四	五八	二月、中央職業紹介委員会委員に任命さる○同月、従五位に叙せらる○五月、衆議院議員に大阪市南区より立候補、当選（同志会よりの当選者一一名）○第四十九特別議会で蔵相浜口雄幸と論争す	六月、護憲三派内閣成立（首相加藤高明）

一四	一九二五	五九	一二月、『実業読本』を著わす	四月、治安維持法公布○五月、普通選挙法公布
一五（昭和一）	一九二六	六〇	第五十二議会において震災手形法および台銀救済について政府を攻撃す	大正天皇崩御○今上天皇践祚
二	一九二七	六一		四月、金融恐慌起る○三週間のモラトリアム施行さる
三	一九二八	六二	二月、衆議院議員立候補、当選す（同志会当選者四名）○鐘紡はじめ各社の産業合理化進む	二月、第一回普通選挙実施、政友・民政両党の差僅少○三月、三・一五事件発生○六月、張作霖爆死事件起る○七月、田中内閣倒れ、浜口民政党内閣成立
四	一九二九	六三	四月、実業同志会を国民同志会と改称す○一一月、兵役義務者及び癈兵待遇審議会委員に就任す	三月、労農党代議士山本宣治刺殺さる○四月、四・一六事件発生○一〇月、犬養毅政友会総裁に就任す○同月、アメリカに恐慌勃発、全世界に波及す
五	一九三〇	六四	一月、鐘紡社長辞任、相談役就任○二月、衆議院議員立候補、当選（同志会六名当選）○議会で金解禁に反対し、蔵相井上準之助と論争す	一月、金解禁実施さる○二月、第二回普選、民政党絶対多数を占める○一一月、首相浜口雄幸狙撃され重傷（六年八月没）○恐慌深刻化する

昭和六	一九三一	六五	このころより議会活動の限界を覚る	九月、満州事変勃発す○一二月、犬養内閣成立○金輸出再禁止
七	一九三二	六六	一月、議会解散と同時に議員立候補中止○四月、時事新報社相談役に就任○七月、南米拓殖会社相談役に就任す	二月、臨時総選挙、政友会圧倒的当選○二月、前蔵相井上準之助射殺さる○三月、団琢磨射殺さる○五月、首相犬養毅射殺さる（五・一五事件）○同月、斎藤内閣成立、これより政党は軍・官僚勢力に従属す
八	一九三三	六七	『時事新報』の再建に努力す○四月、国民会館会長に就任す○八月、大里児童育成会理事長に就任す	三月、日本、国際連盟より脱退す○七月、神兵隊事件起る
九	一九三四	六八	一月、「番町会を暴く」の記事を連載、政界の不正摘発に乗出す○三月九日、神奈川県大船町の別邸付近の畑道で福島新吉により狙撃され、翌一〇日、北鎌倉大庭病院にて逝去○三月一四日、正五位を追贈せらる	四月、「帝国人絹大疑獄事件」起る○七月、斎藤内閣倒れ、岡田内閣成立す○輸出産業・軍需産業活況○一〇月、陸軍省『国防の本義と其の強化』を頒布

武藤山治著書・論文（『武藤山治氏追悼号』および早慶両大学図書館による調査）

『米国移住論』	明治二〇年
『紡績大合同論』	明治三四年
『癈兵救済制度』	大正六年
『吾国労働問題解決法』	大正八年
『労働会議報告書』	大正九年
『軍人優遇論』	大正九年
『政治一新論』	大正一〇年
『蕪村画集』	大正一一年
『実業と道徳』	大正一二年
『政界革新運動と実業同志会』	大正一二年
『会計検査院法政意見書』	大正一二年
『通俗政治経済問答』	大正一二年

『英国政界革新の闘将コブデンブライト二大名演説』　大正一三年
附　英国穀物条例廃止運動経過大要（訳述）
『政治改造運動』　大正一三年
『酔めたる力（服部秀脚色）』　大正一三年
『政治道徳法典』　大正一三年
『職工から大臣へ（訳述）』　大正一三年
『憲政確立の要諦』　大正一三年
『金解禁早解り』　大正一四年
『政治経済講話』　大正一四年
『実業読本』　大正一五年
『普選のスヽメ』　大正一五年
『実業政治』　大正一五年
『東京市大阪市神戸市職業補導会報告』　大正一五年
『実業政治参考資料』　昭和二年
『財界動揺早解り』　昭和二年

『諸外国銀行監督及預金者保護に関する法制参考資料』　昭和二年
『雄弁学教科書』　昭和二年
『世界の生絲人絹調査資料』　昭和二年
『農村振興としての蚕絲業根本救済策』　昭和二年
『財界振興即効案』　昭和二年
『大蔵省伏魔殿』　昭和二年
『震手早解り』　昭和二年
『軍人優遇論』　昭和二年
『ブラジル事情』　昭和三年
『少数党か多数党か』　昭和三年
『公民教育制度』　昭和三年
『我国労働時間季節的調節案』　昭和三年
『一九二八年度英国大蔵大臣の予算演説』　昭和三年
『紡績業』（現代産業叢書第五巻収録）　昭和三年
『政治教育絵入小学読本』　昭和三年

『社会より見たる新聞の使命』　昭和三年
『欧米市制浄化運動』　昭和四年
『深夜業廃止』　昭和四年
『都市計画の一般智識』　昭和四年
『経済小言』　昭和四年
『自由主義か社会主義か』　昭和四年
『聴松清鑒』　昭和四年
『仏国好景気研究』　昭和五年
『英国不景気研究』　昭和五年
『不景気はどうなる』　昭和五年
『英国の旧平価金本位制撤廃運動』　昭和五年
『欧米の商店競争』　昭和五年
『井上蔵相の錯覚』　昭和五年
『金と物』　昭和五年
『金解禁やり直し反対論叢』　昭和六年

『スペインの経済事情』	昭和六年
『金解禁善後処置』	昭和六年
『続経済小言』	昭和六年
『金持と物持と稼人』	昭和六年
『銀価回復の方策』	昭和六年
『金輸出再禁止』	昭和六年
『カッセル教授の講演』	昭和六年
『英国の其後』	昭和六年
『再禁止善後処置研究資料』	昭和七年
『我財界の緊急対策』	昭和七年
『比例代表』	昭和七年
『武藤山治百話』	昭和八年
『思ふまゝ』	昭和八年
『私の身の上話』	昭和九年
『通俗実経済の話』	昭和九年

主要参考文献

(一) 伝記

武藤山治著『私の身の上話』　武藤金太　昭和九年

『武藤山治氏追悼号』(『公民講座』第一一四号)　国民会館　昭和九年

有竹修二著『武藤山治』　時事通信社　昭和三七年

武藤山治全集刊行会編『武藤山治全集』(第一巻)　新樹社　昭和三八年

(二) 鐘紡関係

『鐘淵紡績株式会社職工救済奨励及懲罰規則』　鐘淵紡績株式会社　明治三三年

『鐘淵紡績株式会社職工待遇設備梗概』　同　大正元年

『鐘紡共済組合定款』　同　大正二年

『鐘淵紡績株式会社定款』　同　大正五年

『鐘淵紡績株式会社従業員待遇法』　同　大正一〇年

『鐘淵紡績株式会社報告』（各年）
野中雅士著『鐘紡の解剖』　日本書院　昭和五年
小汀利得監修　田中宏著『日本の紡績 鐘紡と系列』（『体系日本主要産業』第五回）　日本コンツェルン刊行会　昭和三三年

㈢　実業同志会関係

『実業同志会創立総会議事録』　実業同志会　大正一二年

㈣　時事新報関係

伊藤正徳著『新聞五十年史』　鱒書房　昭和一八年

㈤　一般参考文献

日本経済史研究会編『近代日本人物経済史（上・下）』　東洋経済新報社　昭和三〇年
三瓶孝子著『日本綿業発達史』　慶応書店　昭和一六年
庄司乙吉監修　絹川太一著『日本綿糸紡績史』（全七巻）　日本綿業倶楽部　昭和一二年

名和統一著『日本紡績業の史的分析』　潮流社　昭和二三年
飯島幡司著『日本紡績史』　創元社　昭和二四年
関桂三著『日本綿業論』　東京大学出版会　昭和二九年
守屋典郎著『日本資本主義発達史』　青木書店　昭和三〇年
遠山茂樹外著『昭和史』　岩波書店　昭和三〇年
渡辺徹編著『京都地方労働運動史』　三月書房　昭和三四年
横山源之助著『日本之下層社会』　教文館　明治三二年
農商務省商工局工務課工場調査係編『綿糸紡績職工事情』　農商務省　明治三六年
桑田熊蔵著『工場法と労働保険』　隆文館　明治四三年
山田盛太郎著『日本資本主義分析』　岩波書店　昭和九年
細井和喜蔵著『女工哀史』　改造社　大正一四年
久板栄二郎作『北東の風・千万人と雖も我行かん』（選集第一巻）　民友社　昭和二四年
市原亮平稿「日本型ブルジョア・リベラリストの社会経済的地盤―武藤山治の社会経済的草創時代と福沢諭吉―」『経済学雑誌』第二六巻第六号　昭和二七年

市原亮平稿「日本リベラリストの経済（＝社会）的背骨」（一・二・三）『経済論集』第三巻第一、二、四号　昭和二八年　同二九年
同稿「実業同志会の結党—日本政党史における実業同志会の役割—」（一・二）『経済論叢』第七一巻第二号・第七二巻第一号　昭和二八年
拙稿「武藤山治」（『日本人物史大系』第七巻所収）朝倉書店　昭和三五年

著者略歴

明治四十一年生れ
昭和七年早稲田大学商学部卒業
早稲田大学教授を経て
現在　早稲田大学名誉教授、商学博士

主要著書
清良記―親民鑑月集―〈校訂〉　経済史学の理論と実証　足利織物史（三巻）〈編〉

人物叢書　新装版

武藤山治

昭和三十九年　三月　一日　第一版第一刷発行
昭和六十二年　二月　一日　新装版第一刷発行
平成　七　年十一月二十日　新装版第二刷発行

著　者　入交《いりまじり》好《よし》脩《なが》

編集者　日本歴史学会
代表者　児玉幸多

発行者　吉川圭三

発行所　株式会社　吉川弘文館
東京都文京区本郷七丁目二番八号
郵便番号一一三
電話〇三―三八一三―九一五一〈代表〉
振替口座〇〇一〇〇―五―二四四
印刷＝平文社　製本＝ナショナル製本

『人物叢書』(新装版)刊行のことば

人物叢書は、個人が埋没された歴史書が盛行した時代に、「歴史を動かすものは人間である。個人の伝記が明らかにされないで、歴史の叙述は完全であり得ない」という信念のもとに、専門学者に執筆を依頼し、日本歴史学会が編集し、吉川弘文館が刊行した一大伝記集である。

幸いに読書界の支持を得て、百冊刊行の折には菊池寛賞を授けられる栄誉に浴した。

しかし発行以来すでに四半世紀を経過し、長期品切れ本が増加し、読書界の要望にそい得ない状態にもなったので、この際既刊本の体裁を一新して再編成し、定期的に配本できるような方策をとることにした。既刊本は一八四冊であるが、まだ未刊である重要人物の伝記についても鋭意刊行を進める方針であり、その体裁も新形式をとることとした。

こうして刊行当初の精神に思いを致し、人物叢書を蘇らせようとするのが、今回の企図である。大方のご支援を得ることができれば幸せである。

昭和六十年五月

日本歴史学会

代表者　坂本太郎

〈オンデマンド版〉
武藤山治

人物叢書　新装版

2021年（令和3）10月1日　発行

著　者　入《いり》交《まじり》好《よし》脩《なが》
編集者　日本歴史学会
代表者　藤田　覚
発行者　吉川道郎
発行所　株式会社　吉川弘文館
〒113-0033　東京都文京区本郷7丁目2番8号
TEL　03-3813-9151〈代表〉
URL　http://www.yoshikawa-k.co.jp/

印刷・製本　大日本印刷株式会社

入交好脩（1908～1999）

ISBN978-4-642-75068-4